커피 & 티

-Sommelier-

김은실·정승호·박복덕
송청락·구자인·원영희 공저

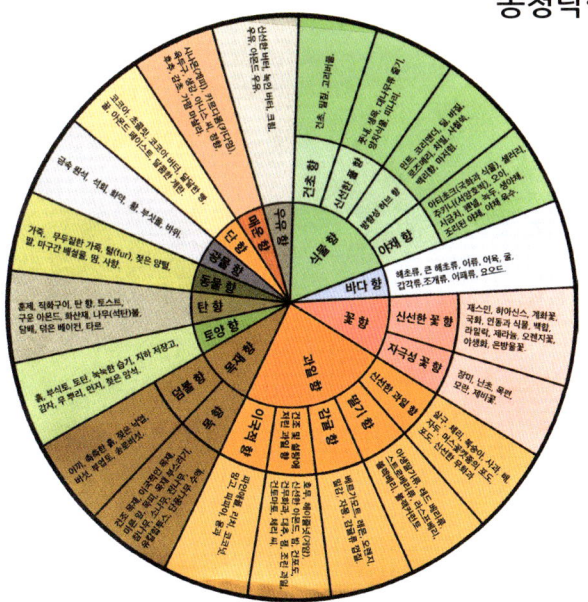

머리말

　국내에서는 1960년대 말까지는 커피가 생산되지 않았고, 미군 피엑스 등을 통해 커피 수요가 충족되었다. 이러한 암거래로 인하여 1960년대 말의 연간 외화 유출액이 780만 달러에 이르자 정부는 커피 제조업의 설립을 승인하게 되었고, 1968년에 동서식품과 미주산업이 설립되어 국내 커피 산업이 출범하게 되었다.

　동서식품은 1970년 9월 분무건조 커피인 맥스웰 하우스 인스턴트 커피를 생산하여 국내 시장에 선보였다. 그리고 국내 커피시장 형성 초기 주종을 이루어 왔던 원두커피는 다방과 호텔 등에서 주로 소비되어 오다가, 1984년을 정점으로 인스턴트 커피의 수요 확대로 겨우 명맥만 유지하는 수준을 나타내고 있었다.

　현재 한국인 연간 국민 커피 총 소비량은 242억 잔, 1인당 연평균 커피 소비량은 484잔, 1인당 하루 평균 소비량은 1.3잔으로 나타났다. 국내 커피 관련 시장 2013년 연간 규모는 6조 1650억 원으로 나타났다. 국내 소프트웨어 시장 규모가 6조 5000억 원, 아웃도어 시장 6조 9000억 원과 비교해 보면 커피시장 규모가 엄청나다는 것을 알 수 있다. 커피는 매일 16억 컵이 소비되고 커피의 1/3을 브라질에서 생산하고, 커피는 석유 다음으로 세계에서 유통되는 것이다. 커피를 가장 많이 마시는 나라는 핀란드, 노르웨이, 아이슬란드이고 미국은 1억의 인구가 커피를 마시고, 하루에 1인당 3.1잔을 마시며 미국 직장인들은 1주일에 20달러 정도를 커피 마시는데 소비한다.

　차(茶)는 세계에서 가장 오랜 역사를 가지고 있는 세계적인 음료로서 커피, 코코아와 함께 세계 3대 기호음료로 알려져 있으며 단순한 음료가 아니고 생활 문화와 전통을 상징하는 음료이다. 차는 중국에서 기원하였고 동의

보감에서 차는 '성품은 조금 차고 맛은 달고 쓰며 독을 잘 통하게 하며 사람으로 하여금 잠을 적게 해주고 또 불에 입은 화상을 해독시켜준다'고 한다.

미국시사 주간지 「타임」 선정 세계 10대 건강식품에 차(茶)가 포함되어 있다. 차는 강력한 황산화물질인 폴리페놀을 다량 함유하고 동맥경화와 혈전 예방, 위염발생률 저하, 치매 예방과 같은 치료에 효과적이라고 한다.

최근 우리나라 커피시장이 급격히 확대되면서 차시장 규모는 커피 시장의 10분의 1수준도 미치지 못하고 있다. 하지만 웰빙 문화를 선호하는 사람들을 중심으로 차를 즐기는 사람들이 많아지고 있지만, 아직까지 자리를 못 잡고 있는 실정이다. 국민 1인당 연간 차 소비량도 2009년 104g으로 최대 소비국인 영국의 2.6kg에 비해 4%정도밖에 되지 않는다.

농축산식품부에서 발표한 특용작물 주요 통계에 따르면 차의 생산액은 2009년에 비해 2013년에 2.9배 성장하였고, 수입량은 2011년에 비해 2013년에 1.9배 성장하였다. 독일의 로네펠트, 싱가폴의 TWG와 같은 세계적인 티브랜드가 국내에 티하우스를 전파하고 국내에는 오설록 티하우스가 차 소비 대중화에 앞장서고 있다.

이에 본 교재에서는 커피와 티 문화에 대한 전반적인 이해를 돕고자 커피의 개요, 재배, 가공, 추출, 다양한 차의 이해와 커피, 차의 실습까지 광범위하게 전문적인 내용을 이해하기 쉽도록 다루었다.

아직도 부족한 점과 오류가 많으리라 생각되지만 앞으로 보완 수정해 나가길 바라며, 이 책을 출판하기 위해 많은 관심과 사랑을 보내주신 가족들에게 진심으로 감사드립니다.

2016년 3월

대표 저자 김은실 드림

차 례

CHAPTER 1
커피의 개요
9

1. 커피의 개념 — 10
2. 커피의 역사 — 13
3. 커피의 전파 및 문화 — 15
4. 한국 원두커피 시장의 현황 — 19

CHAPTER 2
커피나무의 재배
21

1. 커피 재배 및 수확 — 22
2. 커피의 산지와 품종 — 36
3. 커피의 전파 및 나라별 커피 — 41
4. 커피의 성분 — 53

CHAPTER 3
커피원두의 가공
59

1.	로스팅(Rosting)	60
2.	블렌딩(Blending)	70
3.	분쇄(Grinding)	73
4.	보관	77

CHAPTER 4
커피의 추출
81

1.	커피의 추출	82
2.	핸드드립(Hand drip)	84
3.	사이폰(Syphon)	93
4.	모카포트(Mocha pot)	95
5.	프렌치프레스(French press)	98
6.	이브릭(Ibrik, Cezve)	100
7.	더치커피(Duch coffee)	102
8.	에스프레소(Espresso)	104
9.	우유 거품내기	124

CHAPTER 5
다양한 커피 아이템
131

1. 커피의 부재료   132
2. 커피 테이스팅(Tasting)   136
3. 다양한 커피 메뉴   148

CHAPTER 6
다양한 차의 이해
165

1. 차의 개요   166
2. 차의 제조 및 재배   187
3. 차의 분류   193
4. 한국의 차   196
5. 허브차의 이해   230

CHAPTER

1

커피의 개요

1

커피의 개념

세계에는 60여 종의 커피가 있는데, 그 중 가장 많이 재배되고 있는 것이 아라비카(Arabica coffee)종과 로부스타(Canephora coffee)종이고, 리베리카종(Liberica coffee)도 일부 재배되고 있다. 그리고 커피는 커피 열매, 씨앗(Green bean), 원두(Whole Bean), 분말커피(Ground coffee), 추출음료(Drinkable coffee)를 포함하여 넓은 의미에서 사용한다.

넓은 의미의 "커피"

상태	명칭
커피나무의 열매	커피열매(별명 : 체리 Cherry)
커피나무 열매의 씨앗	생두(그린빈 Green Bean)
씨앗을 박피·건조한 것	〃
생두를 볶은 것	원두(홀빈 Whole Bean), 배전두(焙煎豆)
원두를 분쇄한 것	분쇄커피(Ground coffee), 분말커피, 커피가루
분쇄된 커피의 성분을 물로 추출한 음료	커피

출처 : 완벽한 한 잔의 커피를 위하여, 이윤호

아라비카종은 전 세계 커피 생산의 약 75%를 차지하고 있다. 아로마(Aroma), 바디(Body), 부드러움(Smooth), 새콤함(Acidity), 초콜릿맛(Chocolate taste)이 다른 종에 비해 풍부해서 가격이 비싼 것이 특징이다. 반면 로부스타종은 강한 생명력을 가진 품종으로서 병의 저항력이 강하고 단위 면적당 수확량이 아라비카종에 비해 높으며, 낮은 고도에서도 잘 자란다. 거칠고(Harsh), 쓴맛(Bitter)이 강하며, 대부분 솔루블(Soluble) 커피에 많이 사용된다.

리베리카종은 로부스타종과 유사하며 낮은 고도에서 잘 재배되며 아프리카 지역에서 소규모로 재배된다. 수확한 커피체리는 껍질을 제거하는 방법에 따라 자연건조방식과 세척방식이 있다. 한편, 시장에서의 상업적 커피 개념을 살펴보면 다음과 같다.

첫째, 가공방법에 따라 분류해 보면 원두커피와 인스턴트커피로 나뉘진다. 원두커피는 원두를 분쇄하여 드립머신, 에스프레소, 페콜레이터 등의 다양한 기구를 이용하여 추출한 한 잔의 커피를 지칭한다. 반면 인스턴트커피는 뜨거운 물에 녹을 수 있도록 분말로 된 커피로, 일반적으로 솔루블커피(Soluble coffee)라고 한다. 제조하는 방식에 따라 냉동건조 커피(Freeze dried coffee)와 분무건조 커피(Spray dried coffee)로 분류된다.

둘째, 원두의 혼합 여부에 따른 분류로 한 종류의 원두만으로 만들어진 단종 커피, 스트레이트커피(Straight coffee)와 서로 다른 두 종류 이상의 커피를 혼합하여 만든 블렌딩커피(Blending coffee)로 나눠볼 수 있다.

셋째, 인위적인 향의 첨가 여부에 따른 분류로, 인공향을 첨가하지 않은 레귤러커피(Regular coffee)와 인공향을 첨가한 향 커피(Flavored coffee)로 나누어진다. 향 커피는 그 첨가된 향의 종류에 따라 수많은 이름의 커피로 불리어진다.

넷째, 카페인의 제거 여부에 따른 분류로 인위적으로 카페인을 제거한 디카페인커피(Decaffeinated coffee)와 그렇지 않은 레귤러커피(Regular coffee)로 나뉜다.

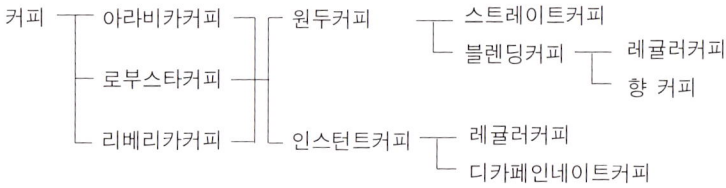

커피의 분류

2

커피의 역사

커피의 기원은 에티오피아 남서쪽 카파주에서 칼디라는 양치기에 의해 커피 열매를 염소들이 먹고 흥분하는 것을 보고 신기한 열매로 소문이 퍼지게 되면서 현재의 커피가 되었다.

커피의 어원은 에디오피아어로 카파(Kaffa) 즉, 힘을 뜻하는데 아라비아 국가로 전파되면서 Kahawy, Gahwa, Kahve 등으로 불려지기도 하였다. 17세기 초 유럽에서는 아라비아의 와인으로 불러지기도 하였다. 이탈리아 Caffe, 독일 Kaffee, 프랑스 Café로 불리다가 영국에서 현재의 Coffee로 정착이 되었다.

이곳에서는 커피 열매를 끓여 그 물을 마시거나 열매의 즙을 발효해서 '카와'라는 알코올음료를 만들어 마셨다. 이 음료는 13세기 이전까지는 성직자만 마실 수 있었으나, 그 이후부터 일반대중들에게도 보급되었다.

유럽에는 12세기 십자군 전쟁 때 처음 들어왔으나 이교도의 음료라 하여 배척하였다. 그러나 밀무역으로 이탈리아에 들어온 뒤 교황으로부터 그리스도교의 음료로 공인받게 되었고 곧 유럽 전역으로 퍼져나갔다.

15세기에 이르러 수요가 늘자 아라비아의 상인들은 이를 독점하기 위하여 수출 항구를 모카로 한정하고 다른 지역으로의 반출을 엄격하게 제한하였다.

　그러나 16세기부터 인도에서 밀반출한 커피를 재배하기 시작하였고, 17세기 말에는 네덜란드가 인도에서 커피 묘목을 들여와 유럽에 전하였다. 그 뒤 유럽의 제국주의 강대국들이 인도와 인도네시아 등의 아시아 지역을 식민지로 만들고 커피를 대량 재배하면서 전 세계에 알려졌다. 특히 커피는 음악, 미술, 문학을 교류하는 사람들이 많이 마셨다.

　한국에서는 1895년 러시아 공사관에 머물던 고종 황제가 최초의 커피 애호가였다. 1896년 아관파천으로 러시아 공사관에 머물면서 처음 커피를 접한 고종은 덕수궁으로 환궁한 후에도 계속 즐겼다고 한다.
　당시 커피는 왕족들과 고위 관리들이 즐겨 마셨으며 '가배차', '가비차' 또는 서양에서 온 탕국이라 하여 '양탕국'이라 불렸다. 고종은 커피로 인해 독살 위기에 처하기도 했다.
　한국 최초의 커피숍은 1902년 10월 정동의 이화여고 자리에 설립됐던 손탁호텔 1층의 정독구락부로 독일인 '손탁'이 커피를 팔기 시작하였다.
　이후 1920년대부터 명동·충무로·종로 등지에 커피점들이 생겨나면서 소수의 사람들에게 알려졌고, 그 뒤 8·15해방과 6.25전쟁을 거치면서 미군부대에서 원두커피와 인스턴트커피가 공급되어 대중들이 즐기는 기호음료가 되었다.

3

커피의 전파 및 문화

커피의 전파

12세기경 십자군 전쟁으로 유럽 사람들도 커피를 접하게 되었다. 그러나 본격적인 커피 확산은 14세기 이후의 르네상스 시대부터이다. 그전까지는 종교적으로 적대적인 이슬람교의 신령한 음식에는 손을 댈 수가 없었기 때문이다.

르네상스 시대에 교황 클레멘트 8세는 커피의 맛에 감복하여 세례를 내렸다. 이것은 커피가 전 유럽으로 퍼지는데 커다란 공헌을 했으며, 1600년경부터는 일반인들은 커피와 함께 살아가게 되었고, 마침내 17세기에는 커피숍도 생겨났다. 여러 사람들이 모이게 된 장소는 교회 외에는 커피 집이 처음이었다. 더구나, 커피 집은 경건한 말만 하는 교회와는 다른 장소였다.

여러 가지 생각이며 이야기가 자유롭게 퍼져 나왔고, 사람들은 점점 더 진보된 의식을 갖게 되었다. 이것은 통치자에게는 불만족스런 것이었다. 이들은 무거운 세금을 물리기도 하고 혹은 커피숍을 폐쇄하기도 하였다. 그러나 그런 것들이 커피의 발전을 막을 수는 없었다.

커피의 문화

아라비아에서의 커피
커피가 하나의 의식이고 상견례에서 커피를 안 주면 파혼을 의미하였다.

유럽에서의 커피
유럽에서 주로 에스프레소를 즐겨 마셨다.

유럽인들은 200년 전부터 커피를 생활 깊숙이 끌어들여 문화를 형성할 정도로 관심 또한 높다. 소비자는 커피에 매우 엄격하여 단순히 품질만을 따지지 않는다. 맛의 창조와 같은 전문성과 예술성, 역사 및 경험으로 표현되는 정통성과 일관성도 중요하게 여긴다.

아메리카의 커피
물 대신에 커피를 연하게 하여 자주 즐겨 마셨다.

미국은 아라비카 커피를 선호하는데, 이것은 지리적으로 미국과 가까운 중남미 지역의 커피가 거의 100% 아라비카 커피이기 때문인 것으로 볼 수 있다. 미국의 커피 시장이 고급 커피를 선호하게 된 것은 최근 25년의 일이다. 1970년대까지는 질이 형편없는 커피를 습관적으로 마셔왔다. 그러나 1980년경부터 엄격한 경작과 정과 처리를 거친 최상급의 커피인 스페셜티 또는 고메이 커피(Specialty or Gourmet Coffee)를 선호하면서 미국을 고급 커피의 나라로 만들었다.

우리나라의 커피
인스턴트커피, 커피믹스, 자판기 커피를 4차 경제 5개년 계획으로 인해 빨리빨리 문화로 커피믹스를 추구하게 되고, 최근에는 원두커피로 옮겨지고 있다.

유럽의 카페

한국에서 커피가 만들어진 것은 1970년 초반 동서식품에 의해서였다. 미국 제너럴 후드사와 기술제휴한 동서식품은 맥스웰하우스 커피를 국내에서 생산했고 미원음료, 한국 네슬레 등이 뒤를 이어 커피 생산에 나섰다. 이후 한국은 인스턴트커피 왕국이 된다. 외국에선 원두커피가 주종을 이루고 있지만 한국에선 인스턴트커피가 편의성과 마케팅에 의해 커피시장을 장악, 세계에서 인스턴트커피를 가장 많이 마시는 나라가 됐다.

그리고 80년대 후반에는 본격적으로, 어둡고 고전적인 지하의 다방에서 밝고 공개적이며 좀더 대중적인 커피전문점이 등장하기 시작하였다. 이에 따라 다방의 감소추세는 불가피하게 되었으며, 새로운 본격적인 커피문화가 시작되는 시기에 접어든다. 이 시기 원두커피는 향커피(헤즐넛, 바닐라 등)를 위주로 발전하였다.

유럽의 카페

4

한국 원두커피 시장의 현황

국내에서는 1960년대 말까지는 커피가 생산되지 않았으며, 미군 피엑스 등을 통해 커피 수요가 충족되었다. 이러한 암거래로 인하여 1960년대 말의 연간 외화 유출액이 780만 달러에 이르자 정부는 커피제조업의 설립을 승인, 1968년에 동서식품과 미주산업이 설립되어 국내 커피산업이 출범하게 되었다.

동서식품은 1970년 9월 분무건조 커피인 맥스웰 하우스 인스턴트 커피를 생산하여 국내 시장에 선보였다. 그리고 국내 커피시장 형성 초기, 주종을 이루어 왔던 원두커피는 다방과 호텔 등에서 주로 소비되어 오다가 1984년을 정점으로 인스턴트커피의 수요 확대로 겨우 명맥만 유지하는 수준을 나타내고 있었다.

현재 한국인 연간 국민 커피 총 소비량은 242억 잔, 1인당 연평균 커피 소비량은 484잔, 1인당 하루 평균 소비량은 1.3잔으로 나타났다. 국내 커피 관련 시장 2013년 연간 규모는 6조 1650억 원으로 나타났다. 국내 소프트웨어 시장 규모가 6조 5000억 원, 아웃도어 시장 6조 9000억 원과 비교해 보면 커피 시장 규모가 엄청나다는 것을 알 수 있다.

커피 전문점 상장 추이는 2007년 2305개, 2010년 8038개, 2013년 18000개로 엄청난 성장을 한 것을 알 수 있었다.
　커피를 마시는 형태는 커피믹스 62.6%, 원두커피 10.8%로 나타났고 남자는 52.7%가 캔커피로 마셨고 여자는 55.3%가 인스턴트커피 형태로 마셨다. 2013년 연간 커피 수입량은 12만 229톤이었다.

　우리가 먹는 커피 수입처는 미국에서 원두 51.0%를 이탈리아 19.8%, 말레이시아에서 6.4%의 원두를 수입하였다. 생두는 27.4%를 베트남에서 18.0% 브라질에서 가져왔다. 2013년 국내 커피시장 규모는 4조 5600억 원 정도 된다.

　커피는 매일 16억 컵이 소비되고, 전체 커피의 1/3이 브라질에서 생산하고 커피는 석유 다음으로 세계에서 유통되는 것이다.
　커피를 가장 많이 마시는 나라는 핀란드, 노르웨이, 아이슬란드이고, 가장 비싼 커피는 Black ivory coffee(elephant poop)인데, 두 잔에 50달러이다.

　미국은 1억 인구가 커피를 마시고 커피를 마시는 사람은 하루 3.1잔을 마신다. 미국 직장인들은 1주일에 20달러 정도를 커피 마시는데 소비한다. 미국은 매년 40억 달러의 커피를 수입한다. 시애틀에 가장 많은 1640개의 커피숍이 있고, 하와이에 커피농장이 있다. 미국에서 시애틀, 포틀랜드, 산호세 순으로 커피를 많이 마시는 도시이다.

CHAPTER

2

커피나무의 재배

1

커피 재배 및 수확

커피나무의 재배 및 수확

커피나무는 꼭두서니과에 속하는 상록수 교목으로 파종 후 40~50일 후 발아되고 6개월 정도가 지나면 커피 묘목을 이식하여 2년이 지나면 2m까지 자란다. 또 3~4년이 지나면 열매를 맺고 보통 15년 정도까지 수확한다. 커피나무는 에티오피아 고원의 야생에서 보통 10m까지 자랄 수 있지만, 수확의 편리성을 위해 보통 3m를 넘지 않도록 가지를 잘라주면서 재배한다.

3~4년이 지나면 흰 꽃이 피고 자스민향이 나는데 꽃잎은 아라비카 5장, 로부스타 5~7장, 리베리카 7~9장이며, 개화 후 3일이 지나면 바로 진다. 열매는 처음에 녹색이었다가 시간이 지나면서 점점 붉어져서 30~35주 정도가 되면 진한 붉은색으로 변한다. 이때 최상의 수확기이고 3~4개월 동안 약 2주 간격으로 익은 열매만 골라서 6~8회 수확한다. 나라마다 차

커피 꽃

이는 있지만 대개 5~10월에 가장 많이 수확하는데 브라질은 6~9월, 콜롬비아는 10월~다음 해 1월이 수확기이다.

형태가 체리와 비슷하여 커피체리라 불리는데, 끈적한 과육으로 둘러싸여 파치먼트 껍질 안에 두 개의 둥근 씨앗이 들어 있다. 때로는 한 개의 씨앗으로 구성되어 있는 경우도 있는데 이를 피베리(Peaberry)라 하고, 세 개가 있는 것은 트라이앵귤러 빈(Triangula bean)이라고 한다. 피베리는 신맛이 많이 나고 한 나무에서 5% 이내 생산되어 희소가치가 높다.

피베리

수확하는 방법에 따라 품질의 차이가 발생하는데 농부가 일일이 잘 익은 열매만 선별하여 수확하는 것과, 나무 전체를 흔들거나 기계로 수확하는 것은 품질에 차이가 발생한다. 또한 땅에 떨어진 열매는 시간이 지나면 흙의 좋지 않은 냄새를 흡수하거나 벌레로 인한 흠집이 생길 수 있다.

따라서 좋은 품질의 커피일수록 수작업으로 수확한다. 커피콩은 열매가 성숙하면서 적갈색으로 변한 때 수확하고 길이 12~18mm, 폭 6mm의 크기가 적절하다.

아라비카종은 거의 사람의 손으로 수확하고, 로부스타는 기계로 수확을 한다.

커피 열매

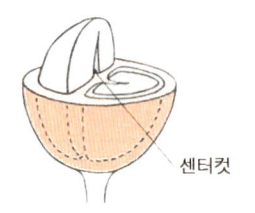
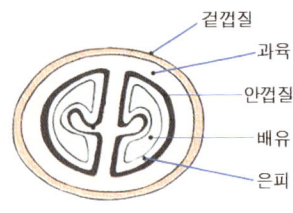

커피 열매의 구성(외부)　　　　커피 열매의 구성(내부)

아라비카 잎 : 가늘고 섬세하다.

로부스타 잎 : 잎이 넓다.

커피나무의 재배조건

 토양은 암반층이나 지하수층 위이며 화산성 토양과 배수가 잘 되는 다공질의 토양이 커피나무가 자라기에 좋다. 부적합한 토양은 홍토화된 토양, 모래, 암석, 점토가 많이 함유된 토양, 지하수면이 높은 지역, 화강암성 토양은 좋지 않다.

 햇볕은 연간 2200~2400시간이 필요하다. 연평균 기온은 섭씨 22도 전후의 온난한 기후와 약산성의 배수가 잘 되는 화산재 토양이 좋다. 습도는 85%이상이면 좋지 않고, 구름이나 안개가 적당히 있어야 좋다. 고산지대가 좋고 평지나 20도 이하의 경사진 언덕이 좋다.

아라비카

커피의 재배에서 유통과정

1. 묘목이 자란다.
파치먼트를 심어 싹이 나고 40-50cm 자란 묘목은 농장에 옮겨 심는다.

2. 꽃이 핀다.
재배 후 2년이 지나면 하얀꽃이 핀다.

3. 열매를 맺는다.
꽃이 지고 열매가 맺으면서 초록색에서 붉게 무르익는다.

4. 수확을 한다.
손으로 훑어서 수확하거나 기계로 수확하기도 한다.

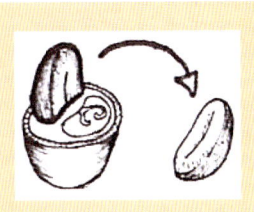

5. 정제를 한다.
생두의 껍질을 벗기고 펄프를 제거한 후 건조한다.

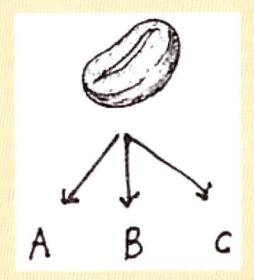

6. 선별
건조 후 결점두를 선별한다.

7. 수출을 한다.
생산국에서 각 소비국으로 생두를 보내거나 원두를 보내기도 한다

8. 가공을 한다.
소비국에서 각 업체에 보내져 가공을 한다.

9. 소비자가 구입한다.
소비자들이 구입하여 즐긴다.

재배방법

셰이드 그룬 커피(Shade grown coffee)

아라비카 커피가 잘 자라기 위한 최적 온도는 연중 15~24℃ 사이이다. 그 이상 올라가면 광합성 작용이 둔화되고 0℃ 근처까지 내려가면 서리 피해를 입게 되므로 잎이 넓은 나무, 예를 들면 바나나 혹은 아보카도나무(Shade tree)를 이용해 직사광선이나 서리, 강한 바람으로부터 커피나무를 보호하는 재배 방법이다. 이런 방법으로 커피를 재배하는 곳이 산간지역이다. 산비탈로 안개가 짙으므로 커피가 성장하기엔 좋은 조건이 아니므로, 커피나무를 보호하기 위해 수분 증발을 억제하고 병충해 방지하기 위해 이런 방법을 이용한다(blog une historie d'amour d'Bbang& Bbang). 커피나무 중간 중간에 다른 나무를 심어 그늘을 만들어 주는 재배방식으로, 토양이 심하게 건조한 경우나 햇빛이 너무 강한 지역에서 사용된다. 그늘을 만들기 위해 심는 나무를 셰이드 트리(Shade tree)라고 한다.

가든 커피(Garden coffee)

거주지 주변에서 키우는 방식으로 1헥타르 당 약 1,000~1,800 그루 정도 심어 유기농으로 재배한다(cafe La MuNu.D. blog).

선 그룬 커피(Sun grown coffee)

시중에 유통되는 대부분의 커피는 선 그룬 방식으로 평지의 농장에서 대량생산을 하고 있다.

수확(Harvest)

기계수확
대규모 농장에서 재배지가 편평하고 커피나무의 줄 사이 간격이 넓은 지역이나 노동력이 부족한 지역에서 사용한다. 주로 진동을 주어 체리를 수확을 하는 방식이다(cafe malocom).

핸드피킹(Hand picking)
커피 열매는 빨갛게 익으면 마르기 시작하므로 15일 이내 수확을 해야 하는데, 잘 익은 열매만 선별하여 수확하는 방법으로 커피의 품질이 아주 우수하고 인건비가 많이 든다. 하루에 한 명이 50~150kg정도 수확한다. 습식가공 커피를 생산하는 국가에서 선택하는 방식이다.

스트리핑(Stripping)
노동력이 부족하거나 수확기에 비가 오지 않고 수확기가 짧은 지역에서 체리가 비교적 균일하게 익기 때문에 체리가 어느 정도 익었을 때 수확하는 방법이다. 비용을 줄일 수 있고 효율적이나 커피나무에 손상이 갈 수 있고 품질이 균일하지 않다. 하루에 한 명이 120~250kg의 체리를 수확한다. 소 젖을 짜는 동작과 비슷하여 Milking이라고도 한다.

체리의 가공

수확된 커피열매를 세척하고 껍질과 과육을 제거하여 생두를 발라내고 말리는 일련의 과정을 "생두의 가공(Processing)"이라고 한다. 생두의 가공에는 두 가지 방법이 있는데, 건식가공법과 습식가공법이다.

건식가공법(Dry method)

자연건조법이라고도 하며, 특별한 설비가 거의 필요 없는 가장 오래된 간편한 가공 방법이다. 농장의 규모나 목적하는 생두의 품질, 사용 가능한 설비 등에 따라 차이는 있지만 대개 3단계－세척, 건조, 박피－과정으로 나누어 진다. 열매를 매트 위에 펴서 규칙적인 간격으로 수분함량이 11%가 될 때까지 햇빛에 말려서 발효를 방지한다. 대개 7~10일 정도 소요된다. 밤이나 비가 오면 젖지 않도록 잘 덮어야 한다. 이물질이나 기준 미달의 원두가 섞일 수 있다는 단점이 있지만, 이것만 일일이 잘 골라낸다면 커피가 지닌 본래의 맛과 향을 잘 살리는 방법이다.

커피 수확

습식가공법(Wet method)

수세건조법이라고도 하며, 일정한 설비와 기계장치, 풍부한 맑은 물이 있어야 한다. 작업이 잘 진행되면 커피 고유 품질의 결점두가 적은 양호한 생두의 생산을 보장한다. 습식법과 건식법의 가장 큰 차이는 커피 열매로부터 생두를 분리해 내는 시점에 있다.

습식법은 수확된 커피 열매로부터 즉각 생두를 발라내어 이 생두를 건조하는 방법이고, 건식법은 생두를 품고 있는 열매를 통째로 건조한 후 이 건조된 열매로부터 생두를 발라내는 방법이다. 건식법 중에는 열매의 외피와 과육만 제거하고 점액질이 붙어있는 생두를 건조하는 방법도 있다.

정제법

자연 건조가공 (내추럴)	반 습식가공	습식가공 (워시)
수확 ↓	수확 ↓	수확 ↓
건조 태양	불순물 제거 불순물 제거, 물에 뜨는 티끌, 잎을 제거, 정상적으로 열매 맺지 않은 생두를 제거	불순물 제거 수조에서 불순물, 물에 뜨는 것(티끌, 잎, 썩은 과육 제거)
↓	↓	↓
탈곡 기계로 과육 등을 제거	과육 제거 기계로 과육을 제거, 불순물, 물에 뜨지 않는 것(티끌, 돌, 불량콩)을 제거	과육 제거 기계로 제거, 불순물 물에 뜨지 않는 것(티끌, 돌, 불량콩)을 제거
↓	↓	↓
선별 진동, 중력, 핸드픽, 진동에 의한 결점있는 콩 제거와 그레이딩	건조 태양 또는 기계	발효 발효로 안껍질 매끄러움을 제거
↓	↓	↓
수출	탈곡 기계로 남은 안껍질 제거	수세, 선별 물로 씻어서 가벼운 콩과 단단한 콩으로 골라서 나눈다.
	↓	↓
	선별 진동, 풍력, 핸드픽, 진동에 의한 결점콩을 제거 또는 그레이딩	건조 태양 또는 기계
	↓	↓
	수출	탈곡 기계로 남은 안껍질 제거
		↓
		선별 진동, 풍력, 핸드픽, 진동에 의한 결점콩을 제거 또는 그레이딩
		↓
		수출

생두의 선별

커피 생두의 크기, 밀도, 색깔, 함수율, 불량 생두나 이물질이 섞여 있는 정도에 따라 일정한 기준에 의해 등급분류가 이루어진다. 당연히 보다 높은 등급을 받기 위해 커피 농장들은 열매의 수확, 건조, 가공에 이르는 전 과정에 걸쳐 결점이 있는 생두나 이물질을 핸드피크(Hand pick)로 최대한 선별해낸다. 이 등급 판정에서 수출 등급 중에 높은 등급을 받는 것과 수출 불가 판정을 받아 내수용으로 분류되는 것은 차이가 나기 때문이다.

커피 생두의 등급을 분류하는 목적은 커피 로스팅에 있다. 같은 크기, 같은 밀도, 같은 함수율의 생두여야 고른 로스팅(Even-roasting)이 가능하기 때문이다. 커피 로스팅의 품질은 곧 추출된 한 잔의 커피 품질(Cup-quality)과 직결되는 것이다.

생두의 선별

일반적으로 생두의 크기가 크고, 밀도도 높고, 색깔은 밝은 청록색이면서 10~12%의 함수율을 지닌 생두를 고급 생두로 분류한다. 그러나 생두의 크기가 크다고 해서 꼭 좋은 생두라고 할 수는 없다. 특히 생두의 크기에 의한 분류에는 예외사항이 많은데, 이는 고급 생두들 중에서도 그 크기가 작은 품종도 많고 크기만 크고 밀도는 약한 생두도 많기 때문이다.

또한 커피를 로스팅하는 회사들은 크기가 큰 생두를 선호하는데, 로스팅된 원두의 크기가 어느 정도 커 보일수록 그 상품가치가 높이 평가되기 때문이다.

생두의 밀도를 따지는 이유는 밀도가 높을수록 그 맛과 향이 깊고 풍부하기 때문이다. 주로 고지대에서 재배된 커피나무에서 고밀도의 생두가 얻어지는데, 이는 일교차가 커서 커피 열매가 천천히 자라면서 속이 꽉 찬 열매를 맺기 때문이다. 적어도 해발 1,200m이상의 고지대는 되어야 알도 크고 밀도도 높은 고급 생두가 생산된다.

사실 생두의 밀도가 높을수록 커피 로스팅은 더 까다로워진다. 시간도 오래 걸리고, 생두가 열을 충분히 품고 발산하는 과정의 조절이 쉽지 않은 것이다. 그럼에도 불구하고 그 맛과 향이 우수하기에 고급 생두로 분류된다.

핸드피킹

SCAA(Specialty Coffee Association of America)의 기준에 의하면 생두의 허용 함수율은 9~13%이다. 그러나 9% 정도면 너무 건조되어 향미도 부족하고 로스팅에도 문제가 있으며, 13% 정도면 조금만 습도가 높은 장소에 보관되어도 변질되기 쉽다. 일반적으로 10~12%를 적정 함수율로 평가한다. 함수율이 높다는 것은 생두의 무게가 무겁다는 것을 의미하기도 한다. 수분이 많을수록 청록색 계통에 가깝고 수분이 적을수록 갈색에서 흰색에 가깝다.

생두의 색깔은 청백색, 갈색, 녹색, 황색 등이 있고 어느 색일지라도 일정한 색을 띠는 것이 좋고, 맑은 청록색일수록, 얼룩이 없을수록, 내과피(Parchment)가 완전히 제거된 것일수록 높은 등급으로 분류된다.

핸드피킹

오래된 묵은 생두도 황록색을 띠게 되고, 로부스타는 탈색된 듯한 노르스름한 색부터 황갈색까지의 색을 띠고 있다. 형태는 두께가 있고 통통한 모양의 것이 좋고 가운데 센터컷이 명확하고 깨끗하게 있는 것이 좋은 생두이다.

생두의 크기 분류(Screening)

생두의 크기 분류는 스크리닝(Screening)이라는 작업을 통해서 이루어진다. 일정한 크기의 구멍이 뚫린 판(Screen) 위에 생두를 올려놓고 흔들어 작은 생두는 구멍을 통해 밑으로 빠지고 큰 생두는 스크린 위에 남도록 하는 방법이다.

생두 크기 분류표

스크린 No.	상태	스크린 No.	상태
No. 20	very large bean	No. 13	small bean
No. 19	extra large bean	No. 12	extra little bean
No. 18	large bean	No. 11	extra small bean
No. 17	bold bean	No. 10	very little bean
No. 16	good bean	No. 9	very small bean
No. 15	medium bean	No. 8	unacceptable bean
No. 14	little bean		

결점두와 이물질

1. 돌이나 이물질 2. 벌레먹은 콩 3. 곰팡이 콩 4. 블랙빈
5. 깨진 콩 6. 변질된 콩 7. 미숙두

2

커피의 산지와 품종

커피의 산지

커피는 열대성 기후의 강수량이 많은 곳에서 재배되며 적도를 중심으로 한 남북위 25° 사이이며, 이 지역을 커피벨트(커피존)라 한다. 이 지역을 벗어난 지역에서도 커피나무 자체는 자랄 수 있으나, 커피 열매는 제대로 맺지를 못한다.

커피를 경작하는 산지에서도 어느 정도의 커피가 소비되고는 있지만, 우수한 품질의 커피는 대개 유럽·미국·일본 등으로 수출되고 있으며, 수출되어 가공된 커피가 그 지역과 전 세계로 다시 퍼져나가 소비되고 있다. 커피를 가장 많이 소비하는 미국·유럽·일본 등 나라의 본토에서는 사실 한 톨의 커피도 경작되지 않는 것이다.

커피의 품종

상업적으로 재배되고 있는 품종은 아라비카, 로부스타, 리베리카의 3대 원종으로 여기서 개량된 많은 개량종들이 있다.

아라비카종은 원두커피의 70% 이상으로 주류를 이루고 있으며, 로부스타는 약 25% 이상이며 인스턴트커피용으로 주로 쓰이고 있다. 두 품종이 약 95%의 점유율을 차지하고 있다.

아라비카는 아라비카종 커피나무의 열매이며, 로부스타는 카네포라종에 속한 여러 품종 중 하나인 로부스타 나무의 열매를 지칭한다.

원산지가 에티오피아인 아라비카는 전 세계 생산량의 70~80%를 차지하고 있으며, 브라질, 콜롬비아, 콰테말라 등의 중남미와 쿠바, 자메이카 등의 카리브해, 탄자니아, 케냐, 에티오피아, 예멘 등의 동아프리카에서 아라비아반도, 인도와 인도네시아 일부 등이다. 반면 로부스타종은 동남아시아와 서아프리카에서 주로 재배된다. 커피는 일반적으로 고지대일수록 고급품종의 커피가 생산된다.

아라비카종(Arabica)

아라비카 커피는 에티오피아가 원산지로, 평균적인 작물에 비하여 까다로운 생육조건을 가지고 있다. 하루 2~3시간 정도의 짧지만 강한 햇볕, 햇볕을 가리는 키 큰 나무나 적당한 구름, 서늘한 바람, 계절의 변화가 적은 온화한 기후, 그러나 적당히 큰 일교차, 물이 고여 있지는 않지만 촉촉하고 비옥한 토양이 필요하다. 화산재가 덮혀 있는 배수가 잘 되는 고지대의 토양일수록 좋다. 전 세계 생산되는 원두의 70%를 차지하며 마일드와 브라질로 구분된다.

아라비카종

원두의 모양은 납작한 타원형으로 표면에 파진 홈이 굽어 있고 색깔은 붉은 편이며, 브라질, 콜롬비아, 과테말라, 자메이카, 에티오피아 등이 속한다.

로부스타종(Robusta)

로부스타 커피는 아프리카 콩고가 원산지로 숲에서 자라는 커피다. 둥글고 홈이 곧으며 회색빛이 도는 푸른색을 띤다. 전 세계 생산량의 20~30% 정도 차지하고 쓴맛이 강하고 향이 부족하다. 그래서 인스턴트커피로 이용한다. 아라비카 커피보다 그 생육조건이 덜 까다롭고 웬만한 기후와 토양은 잘 견디어내며 병충해에도 비교적 강하다. 연간 24~30℃ 정도의 기온이 유지되는 한 비교적 무난하게 경작될 수 있다. 고지대에서는 자라지 못하며 해발 600m 이하에서 주로 재배된다.

생두의 형태는 둥글둥글하고 길이가 짧은 타원형으로 마다가스카르, 우간다, 콩고, 카메룬, 인도, 인도네시아, 타이, 베트남 등에서 생산된다.

아라비카와 로부스타의 비교

	아라비카	로부스타
연간기온	15~24℃	24~30℃
경작고도 (적정고도)	해발 800m 이상 (1,000~2,000m)	해발 700m 이하 (0~600m)
연강수량	1,500~2,000mm	2,000~3,000mm
병충해	약하다	강하다
개화시기	비가 온 후	아무때나
뿌리	깊은 뿌리	얕은 뿌리
개화부터 수확까지 소요기간	8~9개월	10~11개월
수확량	1,500~3,000kg/Ha	2,300~4,000kg/Ha

리베리카종(Riberica)

아프리카의 리베리카가 원산지로 아라비카나 로부스타에 비해 병충해에 강하고 적응력이 뛰어나 재배가 쉬우며 100~200m의 저지대에서도 잘 자라며, 강우량의 영향도 적다. 향미가 낮고 쓴맛이 강해 상업적으로 가치가 떨어져 거의 재배가 되지 않으며 리베리아, 수리남, 가나에서 생산하고 자국 내 소비만 한다.

커피콩의 명칭

생산국명을 따서 이름을 붙이는 경우는 브라질, 콜롬비아 등 가장 일반적인 방법이다. 국명을 명칭으로 사용하는 경우는 콜롬비아, 수프리모, 과테말라, 안티쿠아 등 생산지명을 덧붙이거나 등급명을 덧붙이기도 한다.

'브라질 산토스 No.2, 스크린 19, 스트릭토리 소프트'는 생산국명, 출하항명의 뒤에 등급명이 붙어 있고, 즉 No.2는 결점두의 혼입량이며, 스크린 19는 콩의 크기에 의한 분류, 스트릭토리 소프트는 컵테스트에 의한 맛을 의미한다.

상품명 뒤에 알파벳은 생산국측이 정한 수출용 생두의 품질등급을 나타내고 있다. 과테말라에 붙어있는 'SHB'는 스트릭틀리 하드빈(Strictly Hard Bean)의 앞 문자를 딴 것으로, 고도 450피트 이상이라는 생산지를 나타내고 'SHB'는 최고의 등급이 된다.

'HG' 하이그라운(High Grown)은 코스타리카에 붙어 있다. 고도 3,000피트 이상의 지역에서 생산된 콩을 의미한다.

'AL' 알투라(Altyra)는 멕시코에 붙어 있고, HG과 같은 의미로 스페인어이다.

'수프리모, EX' 콜롬비아의 호칭이고, 스페인어로 최고급을 의미하는 수프리모(Supremo)는 스크린 17의 입자 크기의 콩이 80% 이상인 것을 나타내고, EX는 엑셀소(Excelso)는 스크린 14~16의 콩이 80% 이상인 것을 의미한다.

'AA' 등급이 알파벳 순서대로 정해진 예로 최고급의 등급을 AA로 나타내고 케냐, 탄자니아 등에 붙여진다.

'AAP' 아라비카콩의 플랜테이션 A(Arabica plantation A)등급의 약자이다.

그 외에 'No.2', 'No.9', 'No.1'은 브라질 No.2, 모카, 마타리 No.9, 라아이카, 블루 마운틴 No.1으로 각각 최고급을 의미한다.

3

커피의 전파 및 나라별 커피

커피존(Coffee-zone, Coffee belt)은 적도를 중심으로 남위 25도와 북위 25도 사이의 열대와 아열대지역으로 60여 개국이 포함된다.

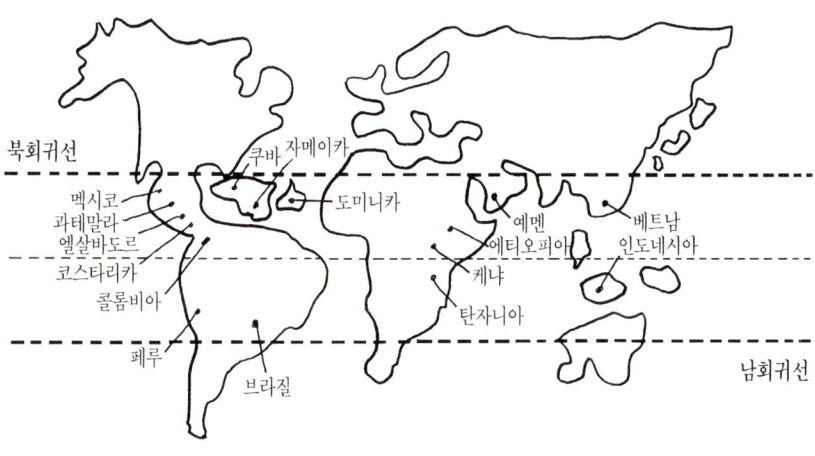

커피존(Coffee-zone)

아프리카지역

에티오피아(Ethiopia)

커피가 처음으로 발견된 나라이다. 하라(Harra)와 예가체프(Yergacheffe)가 잘 알려져 있다. 에티오피아 동부에서 생산되는 하라는 신맛이 강하고 바디가 풍부한 편이며, 때에 따라 블루베리 향과 와인 같은 상큼함이 느껴진다. 남부 시다모(Sidamo)지방의 예가체프는 풍부한 바디에 비해 신맛이 적고 부드러우며, 살구와 박하향이 뒷맛을 개운하게 한다.

예가체프(생두)

모카하라

케냐(Kenya)

아프리카 대륙 동부 적도 바로 밑에 위치한 나라로서 국토의 내륙지대가 해발 고도 300~3,900m 고원지대이며, 서쪽으로 갈수록 지대가 높아진다. 자연경관이 아름답고 비옥한 고원이 넓게 펼쳐져 있어 농업이 발달하였다.

커피는 케냐 수출 총액의 제1위로 전체 수출품의 30~40%를 차지하며, 농장에서 재배한 커피를 중앙으로 모아 한꺼번에 가공하여 등급을 결정한다.

알이 굵고 잘 여문 것을 골라 '케냐AA'라는 최고 등급을 준다. 다음 등급으로는 케냐A, B이다.

케냐AA(생두)

탄자니아(Tanzania)

20세기 들어와서 커피를 재배하기 시작하였으며, 킬리만자로(번쩍이는 산)가 유명하다. 해발 5,895m의 아프리카 최고봉이며 메루산과 남쪽 고원으로 이어지는 커피 주산지이다. 탄자니아는 총 인구의 7%가 커피산업에 종사하고 그 중 90%가 소규모 농장에서 전통적인 방법으로 경작한다. 깔끔한 신맛과 섬세한 꽃향기, 풍부한 감칠맛이 커피를 마시고 난 후 부드러운 신맛과 거친 맛이 조화를 이뤄 '가장 아프리카 커피답다'라는 칭찬을 한다. 시티 로스팅에 잘 맞다.

예멘(Yemen)

예멘이란 이름은 아라비아어로 남국을 말하며 중부고원 지대에서는 해발 1,300~3,000m의 산악지대가 남북방향으로 뻗어있는 양호한 기후를 가진 곳으로, 비옥한 토양과 규칙적으로 내리는 비, 인도양 몬순 바람의 영향을 골고루 받아 커피를 재배하기에 알맞은 조건을 가지고 있다.

생두는 작고 둥근 모양이며 울퉁불퉁한 불규칙한 형태를 가졌지만, 그 맛은 정교하고 진하게 우려낸 예멘 원두커피에서는 강한 초콜릿 맛을 음미할 수 있다.

짐바브웨(Zimbabwe)

짐바브웨 커피는 모잠비크 접경에 위치한 Chapinga 지역에서 생산되며, 고급 원두커피로서 주로 로부스타종이 생산되고 있다.

중남미 지역

브라질(Brazil)

브라질은 전 세계 커피의 약 30%에 해당하는 양을 생산한다. 많은 브라질 커피는 인스턴트커피나 값싼 캔커피 가공에 사용된다. 그 중 고급 원두커피는 지명을 붙인 커피들이 있다. 산토스(Santos)가 유명한데 커피수출 항구 이름으로 다른 커피에도 붙일 수 있어, 전문가들이 신뢰하지는 않는 특징을 가지고 있다. 신맛과 쓴맛이 조화를 이루고 대부분의 로스팅에 잘 어울린다. 블렌딩할 때 베이스로 사용하면 다른 생두의 맛을 잘 이끌어 낸다. 모든 로스팅에 잘 어울린다.

브라질 버번(생두)

콜롬비아(Colombia)

브라질 다음으로 커피 생산량이 많은 곳으로 커피 최대 소비국인 미국에서 좋은 커피로 인정받는데 성공하였으며, 미국에서 손쉽게 구매할 수 있는 커피이다.

특징이 없이 너무 깨끗하며 깊은 여운을 주는 맛이 부족하다. 콜롬비아 커피 등급에는 수프리모(Supremo), 엑셀소(Excelso)가 속한다. 부드러운 단맛을 내고 누구나 무난하게 즐길 수 있는 달콤한 향미를 느낄 수 있는 커피이다.

콜롬비아(생두)

과테말라(Guatemala)

과테말라는 고지대에 위치하여 좋은 재배조건을 갖추고 있다. 특색은 어느 다른 커피보다도 Smoky한 맛이 강하며, 멕시코와 더불어 고급 Maragogype(커피 원두가 매우 커서 코끼리 원두라고도 불린다)을 생산하는 국가이다.

고급 원두커피로는 Antigua, Coban, Huehuetenango 지명이 붙은 커피가 있다.

과테말라(생두)

멕시코(Mexico)

대부분 지역이 해발 1,000m 이상 위치해 있어 커피 생산에 적합한 지역이다. 세계 4위 커피 수출국이며 유기농 커피 재배가 많은 곳 중의 하나이다.

자메이카(Jamaica)

자메이카 커피 최상등급은 블루마운틴(Blue Mountain) 지역의 해발 2,000m 이상에서 생산되는 "블루마운틴(Blue Mountain)"이다. 그다음 등급은 좀 더 낮은 지역에서 생산되는 "High Mountain"과 중저지대에서 생산되는 "Prime Washed"가 있다.

자메이카 블루마운틴(Jamaica Blue Mountain)은 생산량의 약 90%가 일본으로 수출되고, 10%가 기타 나라로 수출된다. 이러한 희소성 때문에 다른 고급커피들보다 3~4배 높은 가격이 형성된다. 맛이 부드럽고 향이 은은하며 커피의 왕이라 불리고, 일본에서 많이 수입한다.

블루마운틴

코스타리카(Costarica)

코스타리카는 고지대에 위치한데다 화산 지역이 매우 많아 고급커피 생산지로서의 조건을 잘 갖추고 있는 곳이다. SHB(Strictly Hard Bean, 해발 1,500m 이상에서 재배되었다는 의미)등급의 커피가 있는데 뛰어난 맛으로 명성이 높다.

아시아지역

인도네시아(Indonesia)

많은 섬 중에서 12개의 섬에서 커피가 생산된다. 1699년 네델란드 사람들이 자바섬에 처음 커피를 심었으며 생산량은 90%가 로부스타 커피이지만, 질 좋은 아라비카는 유럽과 미국 등지에서 사랑받고 있다. 또한 생두를 2~3년간 묵힌 커피는 신맛은 사라지고 단맛이 증가하는 특이한 현상을 보이는데, 이것을 '에이지드커피(Aged Coffee)'라고 하여 유럽 커피 애호가들이 많이 찾는 특이한 커피이다.

① 만데링(Mandheling)

'만데링'은 해발 1,200m 이상의 고도에서 재배되어 자연 건조방식으로 정제한다. 생두는 크기가 크고 다양하며 암록색이나 황록색으로 볶으면 모양이 통통하고 살이 올라 커피 전문가들은 만데링을 '육질이 가장 좋은 원두커피'라고 하며, 향이 독특하고 진하며 감칠맛이 뛰어나고 신맛과 쓴맛이 조화롭다.

② 수마트라(Sumatra)

수마트라는 인도네시아의 두 번째 큰 섬이다. 커피의 맛은 세계에서 가장 무거운 커피라는 점이다. 또한 신맛이 낮아 감칠맛이 나며 작은 농장에서 과일 나무, 향신료와 같이 있기 때문에 여러 가지 향들이 섞여 있다. 그러나 해마다 그 맛과 질이 변한다는 것이 단점으로 나타난다.

③ 술라웨시(Sulawasi)

술라웨시는 인도네시아 섬의 하나이며, 고급커피가 생산되며 일본인들이 많이 찾는다. 수마트라만큼 바디가 풍부하고 신맛이 적다. 최근 미국 스페셜티 전문점에서 많이 취급하고 있다.

④ 자바(Java)

자바는 인도네시아 섬의 하나로 대부분 로부스타종이 생산되며, 물론 아라비카종도 생산되는데 Blawan, Jampit 지명이 붙은 커피는 자바의 대표적인 고급 원두커피이다.

⑤ 인도네시아산 루왁커피

사향고양이(Paradoxorus, 루왁)의 배설물로 만든 커피로 잘 익은 커피 열매만 골라먹고 배설한 콩으로 만든 커피이다.

루왁커피

파푸아 뉴기니(Papua New Guinea)

뉴기니는 세계에서 두 번째 큰 섬으로 동서로 나누어진 분단국가로써, 파푸아 뉴기니는 동부 쪽에 위치하고 있다. 커피 재배는 1927년 자마이카 블루마우틴 지역의 커피씨를 가져와서 시작하였다.

재배에 좋은 적당한 기후와 강수량으로 커피 재배에 좋은 조건이다. 수세식으로 정제한 후 손수 이물질을 골라내어 마대에 포장해 라에항에서 선적한다. 달콤한 맛이 많고 쓴맛은 부드럽고 엷게 느껴진 특징이 있다. 산미가 조금 약하며 과일향과 같은 밝고 풍성한 향이 있어 풍미가 좋다.

인도(India)

인도는 커피 시장에는 잘 알려져 있지 않지만, 특이한 향을 가진 커피가 생산되어 세계 커피 애호가들의 특별한 관심을 끌고 있는 몬순니드(Monsooneed) 커피가 있다. 이는 과거 인도 커피가 유럽으로 배를 통하여 수출되는 과정에 적도를 통과하면서 자연적으로 숙성되어 유럽에 도착할 때는 맛과 향이 독특한 다른 커피가 되어 있었다. 그러나 운송수단이 빨라진 현대는 그 전과 같은 자연적인 숙성을 기대할 수 없어, 현재는 인도 남서부 지방에서 인위적으로 몬순 기후(건조, 우기가 일정기간 반복되는 인도 장마철)하에 약 6주간 숙성시켜 이 맛을 재현하고 있는데 이러한 처리를 Monsooning이라 한다.

인도네시아 자바나 수마트라 섬에도 Monsooneed 커피처럼 숙성된 커피가 있는데, 몬순 기후에서 된 커피가 아니므로 '에이지드(Aged)'라고 불린다.

하와이 지역

하와이(Hawaii)

8개의 큰 섬과 100개의 작은 섬들이 북서쪽에서 남동쪽으로 이어져 있는데 이 섬들은 모두 화산섬이다. 이 중 오하우 섬에 있는 마우나로아산은 아직도 활화산으로 용암을 분출해내고 있으며, 이 화산의 경사면에서 하와이 코나가 재배된다.

이상적인 지형조건, 적당하게 내리는 비, 온후한 햇빛, 서리가 없는 기후를 갖춘 하와이는 프리 쉐이드(Free shade)라는 현상까지 가세하여 커피 재배를 도와주고 있다. 햇빛이 좋은 날, 오후 2시쯤이 되면 어디선가 구름이 나타나 커피나무에 시원한 그늘을 드리우는 일이 일어나는데, 이것을 프리 쉐이드라고 하며 이런 행운은 코나 재배지역이 유일하다.

또한 코나는 세계 아라비카 커피 재배지 중 단위 면적당 수확량이 최고이다. 커피의 맛은 마일드하면서 여러 가지 맛과 향이 복합적으로 조화가 잘 되어 있고, 생두의 크기는 크고 통통하며 청록색을 띠며 전 세계에서 가장 잘 생긴 콩이다.

생두의 품질

스페셜티 커피(Specialty coffee)

스페셜티 커피는 고급 커피 또는 프리미엄 커피, 고메 커피라고도 하며 미식가들이 즐겨 마시는 좋은 커피로 품질 좋은 고급 생두를 사용한 커피를 말한다. 기준은 생두 350g 당 결점수가 5점 이하 각각의 고유 향미와 개성이 뛰어나야 한다.

높은 고도에서 재배된 커피일수록 등급이 높다. 생두의 크기가 최소·최대의 범위가 5%이내여야 하고, 고르게 볶아져야 하며 판매자와 구매자 모두가 인정해야 한다.

뉴크롭(New crop)

수확 후 1년이 경과하지 않은 생두로 햇콩이다. 아름다운 청록색이며 수분이 많고 14~15로 표시된 경우 2014년에서 2015년에 수확된 콩을 의미하고, 15~16의 생두가 유통될 때까지 뉴크롭으로 인정된다.

패스트크롭(Past crop)

전년도에 수확된 콩으로 14~15년에 비해 13~14년에 수확된 콩을 의미한다. 색이 누른빛을 띠고 신선한 향미는 좀 떨어진다.

올드크롭(Old crop)

수확하고 3~4년이 지난 콩으로 수분이 빠져서 청갈색으로 변해 신선한 콩에 비해 향이 떨어진다.

뉴크롭(New crop)　　패스트크롭(Past crop)　　올드크롭(Old crop)

컵 테스트(Cup test)

생두는 농협이나 공장으로 운반하여 수출 규격에 맞는지 등급을 판별하기 위하여 컵테스트(Cupping)를 한다.

그린 빈의 이름

생두의 이름은 생산국가에 따라 국가 명+산지 명 혹은 국가 명+등급 명으로 표시된다.

- SHB(Strictiy Hard Bean) : 고도 450피트 이상의 생산지를 나타내고, SHB는 최고의 등급이 된다.
- HG(High Grown) : 고도 3,000피트 이상의 지역에서 생산된 콩을 의미
- AL(Altyra) : 스페인어로 HG와 같은 의미
- Supremo : 스페인어로 최고급의 의미로, 스크린 17 입자 크기의 콩이 80% 이상인 것을 나타낸다.
- EX(Excelso) : 스크린 14~16의 콩이 80% 이상인 것을 의미
- AA : 최고급 등급
- AAP : 아라비카콩의 플랜테이션 A(Arabica plantation A)등급의 약자

   Ex) 브라질, 산토스, No.2, 스크린 19, 스트릭 소프트
       생산국, 출하항, 등급, 콩의 크기, 컵테스트에 의한 맛

4

커피의 성분

성분

커피를 형성하는 탄수화물, 지방, 단백질의 차이는 커피 품질의 영향을 미치고 원두의 성분은 종류와 산지에 따라 차이가 있어서 자료에 따라 조금씩 다르게 표시되고 있으나 일반적으로 당분(18~26%), 섬유소(37%), 지방(13%), 단백질(13%)의 함량이 가장 높은 것으로 되어 있다. 또한 수분, 카페인, 산화무기질, 에테르 추출물, 유기산 등이 미량 함유되어 있다고 한다.

커피의 활성물질로 가장 주목을 받고 있는 성분인 카페인의 함량은 품종에 따라 차이가 커서, 아라비카종은 0.8~2.5%인 반면에 로부스타종은 4% 전후의 것도 있다. 카페인은 식품에 함유되어 질소를 포함하고 염소성을 띠는 알칼로이드의 일종으로, 적당하게 사용하면 약이 되지만 양을 잘못 조절하면 독이 된다.

예를 들어 10g의 커피가루로 만드는 커피에는 약 0.1g 정도의 카페인이 함유되어 있다. 그래서 100잔의 커피를 1번에 마시지 않는다면 치사량까지는 가지 않는다.

볶는 과정에서도 손실률이 매우 적은 안정된 화합물이며, 약 10% 정도는 클로로겐산과 결합한 형태로 존재한다. 매력적인 쓴맛을 구성하는 요인의 하나이며, 상쾌한 자극과 가벼운 흥분효과로 표현되는 커피의 기호적 특성에 결정적인 역할을 하는 물질이다.

특히 카페인은 중추신경, 순환계, 가로무늬건, 신장 등에 작용하고 졸음이나 피로감을 해소시키거나 혈액순환 촉진과 이뇨작용에도 효과가 있다. 건강한 경우 위액의 분비를 도와주고 소화촉진에도 도움이 된다. 그러나 위산과다와 위궤양 증상이 있는 경우에는 역효과를 나타낸다.

또한 카페인은 커피나무에 곰팡이가 생기는 것으로부터 보호함과 동시에 마이코톡신(mycotoxin)이 생겨나는 것을 방지한다. 맛이 좋지 않은 클로로겐산은 동물이 나무를 먹지 않도록 방어해 준다. 몸체를 이루는 데 필수 불가결한 무기질(mineral)들은 대부분 칼슘으로, 소량이긴 하나 생두에도 함유되어 있다.

탄수화물이란 탄소, 수소, 산소원자로 이루어진 다양한 화합물의 집합용어이다. 탄수화물은 설탕이나 glucose, fructose와 같은 단당류, sucrose와 같은 올리고당류, 그리고 arabinogalactan, cellulose, mannan, starch(녹말), pectin과 같은 다당류로 나누어진다.

아라비카, 로부스타 생두 성분 비교

	아라비카	로부스타
지방(lipid, fat)	13.0~17.0%	7.0~10.0%
클로로겐산	5.8~7.7%	6.8~10.0%
카페인	1.0~1.7%	2.2~3.4%

커피와 건강

커피는 건강한 사람만이 즐길 수 있는 기호음료이며, 과음하지 않고 적당하게 마시면 약이 된다. 항산화 물질로 알려진 폴리페놀성 화합물이 10% 이상 함유되어 있는데, 대표적인 물질이 클로로겐산이고 이는 활성산소를 억제해 질병을 예방하는 음료이다.

커피는 9 : 30~11 : 30, 그리고 1 : 30~5 : 00에 커피시간을 갖는 것이 효과가 가장 좋다. 코티졸이 떨어질 때 커피를 마시면 좋다. 그래서 항상 깨어 있고 긴장하게 해주는 효과가 있다.

커피의 각성효과

약 1천 년 전 아라비아 등 회교국가의 사원에서 음료수로 마시기 시작한 커피는 당시 수도자들이 잠을 쫓기 위해 마신 것으로 전해 내려온다.

커피를 마시면 기존의 아데노신이 붙어야 될 아데노신 수용체에 카페인이 대신 결합하여 졸음을 달아나게 한다. 커피를 마시고 카페인은 15분이 지나면 나타나고 각성효과를 나타낼 수 있다.

커피의 이뇨작용

카페인은 식물성 알칼로이드로 대뇌, 중추신경의 작용을 활발하게 하고 강심, 이뇨작용을 하여 편두통, 신경통, 천식 등의 치료약 성분으로 쓰이고 있다.

커피와 임신

하루에 커피를 세 잔 이상 마시면 여성은 임신이 잘 안 될 수 있고, 임신한 여성은 조산의 위험이 높아진다는 연구결과도 있다. 아주 진한 커피를 마실 경우 자연유산의 가능성이 증가한다는 연구결과도 있으며, 일부 연구에서는 커피로 인한 자연유산은 그 위험 정도가 2%에 그친다고 하기도 한다. 그리고 아이에게 수유하는 경우 커피가 어떤 영향이 있는지 혹은 임신 중 커피를 마시면 태아에게 영향을 주어 기형아 발생률이 높아지는 등에 대한 연구결과가 분명하게 밝혀진 것은 없다. 하지만 산모가 하루 3잔 이상의 커피를 마실 경우 태아의 체중이 줄어든다는 것에는 대부분 동의하고 있다.

커피와 혈압

커피를 마시면 일시적으로 혈압이 올라간다. 그래서 현재까지 커피는 혈압을 올라가게 한다는 생각이 상식처럼 되었다. 카페인의 혈중농도가 절반으로 줄어드는 반감기는 대개 4시간이다. 따라서 숙면을 취하기 위해서는 저녁 식사 후 잠들 때까지는 커피를 삼가야 한다.

커피와 공복

어떤 사람들은 빈속에 커피를 마시면 속이 쓰리다고 한다. 하지만 커피와 위장질환의 관계에 대한 연구에서 커피가 위장질환에 영향을 미친다는 결과는 보고되지 않았다. 다만 커피가 위장의 운동성과 배출 시간을 줄여서 기능성 장애를 일으킬 수는 있다고 보며, 따라서 십이지장 궤양이 있는 경우 커피를 마시면 증상이 심해질 수 있다.

커피는 살짝 볶을수록 열분해가 적어 그 특징이 잘 나타나지만 위에 대한 부담은 커진다. 위장의 부담을 적게 하려면 많이 볶은 것이나, 우유를 첨가해 자극을 완화시키는 것이 좋다.

커피와 항암작용

1990년에 국제 암 연구기관에서 전 세계의 암 연구를 분석한 결과, 커피에는 결장암이나 직장암의 발생을 억제하는 효과가 있다고 보고

되었다.

커피와 심장병

커피와 심장병 또는 동맥경화와의 관계는 지금까지 연구결과에서 드러나진 않았지만, 하루 5잔 이상의 커피를 마시면 심근경색 발생률이 2,3배 증가하게 된다. 심장이 예민한 사람은 심장이 불규칙하게 뛰는 부정맥을 유발하여 혈압과 콜레스테롤 수치를 높일 수 있다. 대개 카페인 250mg은 호흡수를 늘림과 함께 1시간 내에 수축기 혈압을 10mmHg 상승시키고, 2시간 내에 심박수를 증가시킨다. 또 600mg 정도를 마시면 기관지가 확장된다.

커피와 다이어트

카페인은 인체의 에너지소비량을 10% 증가시켜 비만을 방지한다. 미로에서 훈련한 쥐에 커피와 물을 1ml씩 먹이고 목적지에 도달하는 시간을 측정한 결과, 커피를 마신 쪽은 목적지에 도달하는 시간이 단축되었는데 물을 마시게 한 그룹은 그렇지가 못했다.

운동 중에 에너지는 인체 내 글리코겐에서 나오고 축적된 글리코겐이 소모되면 피하의 지방이 운동에너지로 바뀌게 된다. 이 실험은 카페인이 글리코겐보다 먼저 피하지방을 에너지로 바꾸는 작용을 촉진시키기 때문이다. 이는 마라톤선수들이 뛰는 도중 마시는 드링크에 카페인이 많은 것은 카페인이 운동능력을 향상시키기 때문이다.

커피와 숙취해소

한 실험에서 쥐에게 15%의 알코올 0.1ml를 마시게 하고 5분 후에 한 무리의 쥐에는 키피를, 다른 무리에는 물을 1ml씩 먹여 주었다. 커피를 마신 쪽은 70분 후 정상적인 운동을 했으나, 물을 먹인 쪽은 90분 후에도 취해서 흔들흔들 정신을 차리지 못하였다.

술에 취한다는 것은 알코올이 체내에서 분해되어 아세트알데히드라는 물질로 변하는 것이며, 이것이 오랫동안 남아 있는 것이 숙취 현상이다. 커피는 바로 아세트알데히드의 분해를 촉진시키며 신장 기능을 원활케 해 체외배출을 손쉽게 하는 효과가 있다. 술을 마신 뒤 한 잔의 물과 커피를 마시면 숙취해소에 큰 도움이 된다.

이외에도 커피는 당뇨병 발병 위험을 낮추는 작용을 하며, 신선한 커피는 콜레스테롤에 효과적이며 노화방지 등이 건강과 관련이 있다.

CHAPTER

3

커피원두의 가공

1

로스팅(Roasting)

정의

로스팅(배전)이란 녹색을 띤 생두를 볶는 과정에서 친근한 다갈색으로 변하는 것을 말한다. 이런 로스팅된 커피 원두를 홀빈(whole bean) 혹은 배전두라고 한다. 로스팅 없이는 커피의 어떠한 풍미도 나타낼 수 없다. 이때 열분해 현상으로 인해 부피가 팽창되면서 껍질이 벗겨지면서 튀는 소리(펑 터지도록)를 낸 후 색이 변하기 시작하여, 원하는 커피의 맛과 향기를 만든다. 중요한 요소로는 볶는 온도와 시간, 속도, 커피콩과 열풍의 균일한 혼합이다. 커피의 맛을 만드는 80%는 생두에서 정해지고 나머지 20%는 배전에서 정해진다.

로스팅의 종류

그린 빈(Green bean)
생두 초기의 단계이고 생두의 색깔은 연녹색부터 짙은 초록색까지 산지별로 다양하다.

라이트 로스팅(Light roasting : 최약배전)
신맛이 강하고 중후함과 커피 특유의 풍미와 향기는 약하며, 아메리칸 커피에 적합하다. 열을 흡수하는 초기 단계이다.

시나몬 로스팅(Cinnamon roasting : 약배전)
신맛이 강하고 중후함이 약간 있으며, 아메리칸 커피에 적합하다. 그린빈의 색이 시나몬색과 비슷하다.

미디엄 로스팅(Midium roasting : 약강배전)
아메리칸 로스트라고도 한다. 향이 좋고 마일드한 맛, 감미로운 신맛과 쓴맛은 블렌드용 아메리칸 커피에 최적이다. 식사 중에 마시는 커피 등에 좋다.

하이 로스팅(Hight roasting : 중약배전)
신맛으로 조화를 이룬 쓴맛으로, 미국인들이 즐기는 커피로 평균정도의 배전으로 일반적인 단계의 갈색커피가 된다. 커피콩의 특성이 잘 드러난다.

시티 로스팅(City roasting : 중중배전)
신맛과 중후함이 조화롭다. 쓴맛과 감칠맛이 나는 이 단계를 좋아하는 사람이 많다.

풀 시티 로스팅(Full city roasting : 중강배전)

신맛은 거의 없어지고 쓴맛과 진한 맛이 커피맛의 정점에 올라서는 단계이고, 아이스커피 용도로 사용할 수 있다. 크림을 가미하여 마시는 유럽스타일이며, 원두의 색깔은 짙은 갈색으로 변하여 에스프레소 커피용의 표준이다. 약간 강로스팅이고 초콜릿색을 띤다. 에스프레소의 베리에이션 커피로 이용한다,

에스프레소 로스팅(Espresso roasting)

초콜릿색이고 에스프레소용 커피로, 종전의 프렌치 로스트보다 조금 약한 로스팅으로 최근 만들어진 로스팅의 개념이다.

프렌치 로스팅(French roasting : 강배전)

중후한 쓴맛, 진한 맛의 중후한 맛이 강조된다. 기름이 표면에 끼기 시작하는 단계이고, 원두는 검은 갈색이 된다. 약간 탄맛이 느껴지고 카페라떼에 이용한다.

이탈리안 로스팅(Italian roasting : 최강배전)

쓴맛과 진한 맛의 최대치에 달하고 원두에 따라서 타는 냄새가 나는 경우도 있다. 예전에는 에스프레소용으로 많이 선호되었으나, 점차 줄어드는 경향을 보이고 있다. 스모키향이 강하다.

약로스팅에 적합한 산지콩은 쿠바, 킬리만자로, 중로스팅에 적합한 산지콩은 에티오피아, 콰테말라, 코스타리카, 콜롬비아, 쿠바, 탄자니아, 브라질, 강로스팅에 적합한 산지콩은 인도, 케냐, 브라질, 인도네시아 등이다.

성분 변화

가용성 성분

볶은 분쇄 커피를 끓인 물로 높은 압력에서 추출했을 때 녹아 나오는 성분을 가용성 성분(Water solubles)이라 하는데, 커피의 맛과 향기 성분으로 결정된다. 로스팅 전에 26% 함유되었다가, 로스팅 후에 27~35%로 증가한다.

가용성 성분이 많을수록 맛과 향기가 짙다. 로부스타종은 아라비카종보다 가용성 성분이 2%정도 더 많으며, 고온에서 단시간 볶으면 저온에서 장시간 볶을 때보다 2~4% 증가한다. 볶은 콩을 가늘게 분쇄하면 지방과 단백질 성분의 유화 물질이 뜨거운 물에 녹아나와 가용성 성분의 양을 증가시킨다. 일반적으로 가용성 성분은 65~70% 정도 추출되어 나온다.

가스

로스팅 중 커피콩은 1g당 2~5ml의 가스를 발산하면서 중량이 2%쯤 감소한다. 가스의 87%는 탄산가스이고 고온의 건열반응에 의해 생성된다. 볶은 커피를 포장할 때에는 탄산가스가 방출되어 포장을 팽창시키지 않도록 미리 탈기하거나 밸브를 부착해야 한다.

맛 성분

배전을 하면 당, 유기산, 카페인, 무기질 등이 화학반응을 하여 중후한 맛이 생기고 볶은 커피의 신맛은 클로로제닉산, 옥잘릭산, 말릭산, 시트릭산, 타타릭산과 같은 유기산이다. 아라비카종이 특히 신맛이 강하고(pH4.9~5.1), 로부스타종은 신맛이 약하고 pH는 5.2~5.6이다.

향기 성분

향기 성분은 커피콩의 당분, 유기산, 아미노산 등이 로스팅 과정 중에 갈변반응을 거치면서 향기 성분이 되고 중량의 0.5% 미만인 700~2,500ppm으로, 아주 적은 양이지만 품질결정에 주요한 요소이다. 800여종의 휘발성 성분 가운데 15~20종의 화합물이 향기의 주요 성분이다.

로스팅과정

결점두 선별

로스팅 전에 그린빈을 눈으로 선별 확인하고 냄새를 맡고 손으로 만져 경로를 체크한다.

로스터 예열

210℃까지 30분간 예열을 하여 시작을 한다.

로스팅

200~240℃ 사이의 드럼 로스터에서 커피를 13분 전후에 볶는다. 콩의 색은 그린빈에서 연녹색으로 골드색이 되면서 갈색이 된다. 그러면서 탁탁 소리를 내고 진한 갈색으로 변하는데, 이 과정을 Pyrolysis 라 한다. 1차 크랙 타임이 일정해야 열량 조절에 문제가 없는 것이다.

1차 크랙에서 그린빈이 연녹색에서 노란색으로 변하면서 갈색으로 되고 가스가 나오면서 수분은 감소하고 부피는 증가한다. 185℃가 되면 드럼 내부에서 팝콘 터지는 소리가 나면서 1차 크랙이 진행된다. 그 후 210℃쯤에서 2차 크랙이 이루어진다. 색이 짙어지고 내부의 오일이 표면으로 나오기 시작하고 원두 무게는 20%정도 감소하며 부피는 100%정도까지 증가한다.

그린		연녹		밝은 갈색		중간 갈색		짙은 갈색
(Green)	→	(Yellow)	→	(Light brown)	→	(Medium brown)	→	(Dark)

로스팅이 끝나면 수율을 계산해야 한다.

수율 = 그린빈 투입량 / 원두커피 생산량

로스팅이 끝나면 Cupping과정을 거쳐 품질 검사를 한다.

배출 및 냉각

빠른 시간에 배출하여 최대한 빨리 원두의 온도를 상온으로 맞추어야 원두의 맛에 영향을 미치지 않는다. 송풍기를 이용해 냉각시키면서 원두에 붙어 있는 실버스킨(Silver skin)을 제거한다.

로스팅 시간에 따라 향과 맛이 변한다. 저온 단시간은 풋내와 단맛, 저온 장시간은 약한 향기와 맛도 약하면서 신맛이 나고 고온 단시간은 풍부한 향과 신맛이 난다. 고온 장시간은 탄내와 초콜릿향이 나면서 쓴맛이 강해진다.

홈 로스팅(Home roasting)

준비물

체, 수망 혹은 팬, 저울, 타이머, 드라이기, 장갑

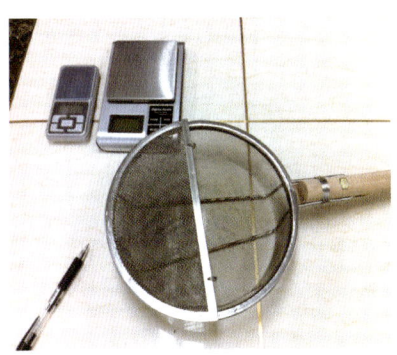 

홈로스팅 과정

① 정확한 계량을 한다.
② 핸드피킹으로 결점두를 골라낸다.
③ 타이머를 맞춘 후, 센불에서 좌우로 흔들며 로스팅을 시작한다.

④ 2~3분이 지나면 콩의 색상을 확인한다. 5분 정도가 되면 은피가 분리된다.
⑤ 10분 전후에서 1차 크랙, 13분쯤 2차 크랙이 일어나면 불을 조절한다.
⑥ 체에 옮겨 단시간에 식혀 결점두를 골라낸다.

홈로스팅에 따른 색상 변화 과정

배전 과정 기준표

시간(분)	0	1	2	3	4	5	6	7	8	9	10	11	12	13	14	15	16	17	18	19	20	21	22	23	24	25	~
형태						누그러진다			김이 난다				작아진다		볼록해진다			주름이 없어지고 형태가 퍼진다					한층 더 형태가 커진다				
소리		단단한 소리				소리가 부드럽게 된다			단단한 소리가 된다						첫 번째 딱딱하는 소리가 난다				두 번째 딱딱하는 소리가 난다								
색		연한 푸르스름			푸르스름하다			연한 살색				서서히 붉은 기울 띈 갈색						갈색이 진해진다				검은 빛을 띤다			검은 빛이 더한다		
향		풀내가 남							약간 풀내가 난다						향이 단내가 난다			향이 변한다			보다 강하게 된다			놀은 냄새가 난다			
배전							100℃					130℃			150℃			180℃			200℃			210℃			

2

블렌딩(Blending)

　서로 다른 2가지 이상의 커피를 혼합하는 것을 블렌딩이라 하고, 목적은 각각의 특징적인 맛과 향을 지니고 있는 커피를 적당한 비율로 혼합하여 원래 커피콩이 가지고 있는 맛보다 더 좋은 맛을 찾아가고자 한다.

　블렌딩할 때 신선하고 좋은 생두를 가지고 생두의 특성에 따라 혼합하고, 배합의 종류는 5종 이내에서 블렌딩을 해야 한다. 이때 주의할 점은 1：1배합은 하지 않는다. 산지가 다른 커피를 특징에 맞게 로스팅을 하고 베이스 커피는 50%이내에서 사용한다. 일반적으로 2종의 커피를 블렌딩할 때는 6：4, 7：3, 8：2로 하고, 3종일 때는 4：4：2, 5：3：2로 한다. 4종일 때는 4：3：2：1, 5：3：1：1을 많이 선택한다. 5종일 때는 4：3：1：1：1, 5：2：1：1：1로 한다.

　블렌딩 커피의 기본이 되는 브라질 커피는 다른 원두의 특성을 잘 끌어내므로 처음에는 5:5로 혼합하여 맛을 찾아낸다. 브라질은 미디엄과 시티로 볶아 블렌딩에 사용하고 콜롬비아는 하이나 풀시티로 볶아 쓴맛을 낸다.

만델링은 풀시티나 트렌치 로스팅에 쓴맛이 특징적으로 나오고, 예가체프는 미디엄이나 하이 로스팅으로 깔끔한 신맛을 낸다. 단맛이 나는 과테말라는 블렌딩 커피에서 중후한 맛을 내고 싶을 때 많이 사용하고, 케냐는 개성이 강하므로 조금씩 첨가하면서 맛을 보고 혼합해 간다.

세계 주요 커피의 맛과 향

종류	신맛	단맛	쓴맛	중후한맛	향기
브라질 산토스 NY2				○	
콜롬비아 수프리모	○	○			○
과테말라 SHB	○	○			○
탄자니아 킬리만자로	○				○
자메이카 블루마운틴		○			○
하와이 코나	○	○			○
인도네시아 만델링		○	○		○
에티오피아 시다모	○	○			
케냐 AA	○	○		○	
예멘 모카 마타리	○	○			○
로부스타			○		

- 절대적인 평가기준은 아님.
- 로스팅의 정도에 따라서 그 맛과 향이 달라지게 된다.
- 맛과 향에 대한 평가는 직접 경험해 보는 것이 중요하다.

스트레이트 커피는 산지별, 상표별로 나누어지고 한 종류의 콩을 한 상표의 커피에 고정하는 것이다. 종류는 브라질·산토스, 콜롬비아·수프리모, 모카, 수마트라·만델링, 과테말라, 블루마운틴, 하와이·코나 등이 있다.

시판되는 블렌딩은 크게 두 가지 종류의 방법이 있다. 한 가지는 생두의 단계에서 블렌딩하고 볶는 방법이다. 즉, 혼합배전이라고 하는데 한 번의 배전에서 블렌딩이 되는 것인데, 양이 많은 경우는 고도의 지식과 기술이 요구된다. 또 한 가지는 볶은 후에 혼합하여 블렌딩을 만드는 방법으로, 일반적으로 업소에서 많이 선택하는 방법이다.

로스팅 전에 블렌딩을 하면 일하기가 쉽고 로스팅 과정에 아로마가 균일해진다. 그러나 한꺼번에 로스팅을 하면 커피의 특징이 적어지고, 로스팅 후 블렌딩을 하면 각 원두의 특징이 잘 나타나고 각각의 특유한 향미를 느낄 수 있다.

에스프레소용 커피는 커피의 농후함과 부드러운 맛을 주기 위해 각각의 원두를 풀시티로 볶고, 핸드드립용 커피는 시티로 볶아야 맛과 향을 가장 잘 느낄 수 있다.

3

분쇄(Grinding)

정의

분쇄는 기구를 이용하여 원두를 잘게 나누어 추출 과정에서 맛과 향이 쉽게 유리되어 나올 수 있도록 하는 공정이다. 분쇄된 원두는 분쇄되기 전에 비해 표면적이 넓어 물과 손쉽게 접촉할 수 있으며, 내부의 깊이가 얕아지므로 물이 빠른 시간 안에 내부까지 침투해 들어올 수 있다. 침투의 정도가 시간과 관계한다는 점에서 분쇄정도는 추출시간과 연관성이 있다.

커피의 분쇄에 영향을 미치는 요소

각 커피콩의 특성은 분쇄 결과에 큰 영향을 미친다. 예를 들어 배전 직후의 뜨거운 콩을 그대로 분쇄할 수는 없다. 배전 직후의 커피는 너무 부드럽고 그런 상태로 분쇄를 하게 되면 콩은 으깨어지고 납작해지며, 분쇄된 입자가 고르지 않게 된다. 또한 배전 후 공기로 냉각을 해야 그 밀도가 단단해지고 부서지기 쉬우며, 그렇게 냉각한 커피를 분쇄하는 것이 좋다. 콩의 성질상 차이를 이해하면 분쇄를 조절할 수 있고 바람직한 입자크기 분포를 얻을 수 있다.

습기 함유

배전 직후 콩이 물로 냉각되었을 경우보다 부드럽고, 습기가 없는 공기로 식혀졌을 때 더 부서지기가 쉽다.

배전 정도

분쇄되었을 때 가볍게 볶은 경우는 콩이 질기며 유연하고, 이때는 단단하고 부서지기 쉬운 강배전한 커피처럼 잘 떨어져 나가지 않는다. 결국 가볍게 볶기보다 강하게 볶을수록 더 고운 입자를 얻을 수 있다.

부서지는 정도

자연 상태의 같은 커피 종류라도 분쇄할 때의 강도나 탄성, 유연함, 단단함에 있어서는 차이가 나고, 배전도가 같은 경우에 신선한 커피가 묵은 커피보다 고운 입자가 덜 나온다. 아라비카 커피에 비해 로부스타 커피는 입자 크기 분포에서 차이가 나며, 고지대의 커피는 저지대의 커피에 비해 다른 특성을 나타낸다.

커피 밀

분쇄 원리

볶은 커피를 마쇄 또는 파쇄(Tearing or Crushing-절구방식)하지 않고 절삭(Cutting) 원리로 분쇄한다. 마쇄하면 커피의 세포가 파괴되어 향기가 소실되고, 열이 발생하여 탄 냄새가 난다. 추출방법에 맞는 적당한 크기로 분쇄해야 맛과 향기가 최상으로 추출된다. 분쇄 입자가 균일하게 분쇄하여야 빠르게 추출되어 맛과 향기가 신선하다.

분쇄의 입도에 따른 용도 분류

- 에스프레소 분쇄(Espresso grind):
  0.01~0.3mm
- 가는 분쇄(Fine grind): 0.5mm
- 중간 분쇄(Medium grind): 0.5~1.0mm
- 굵은 분쇄(Coarse grind):
  1.0mm

페이퍼 드립을 할 때는 중간 이하의 굵기로 분쇄까지 가능하다. 프렌치프레스는 중간 정도에서 굵은 분쇄까지 사용이 가능하다.

반자동 그라인더

프렌치프레스 ▷ 융드립 ▷ 사이폰 ▷ 페이퍼드립 ▷ 더치커피 ▷ 모카포트 ▷ 에스프레소

굵게 ←――――――――――――――――――――→ 가늘게

분쇄기

정의

과거 드립 추출이 일반적인 때에는 분쇄기에는 별도의 부가 장치가 필요하지 않았으며, 일반적으로 입자의 크기를 조절할 수 있는 다이

얼, 분쇄기를 가동시키는 스위치의 두 가지가 조작 장치였다. 에스프레소가 일반화된 지금은 에스프레소를 위한 전용 분쇄장치가 등장하였는데, 분쇄기 외에 도저장치(분쇄된 커피를 담는 것)와 탬퍼장치가 부가되었다.

커피밀(Coffee mill) 사용방법

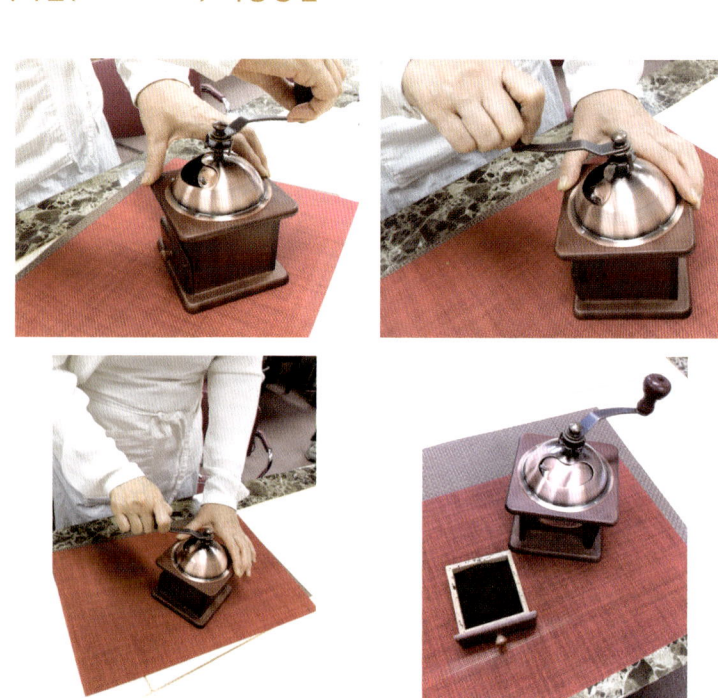

4

보관

 원두의 보관도 중요하지만 생두의 보관은 더욱 중요하다. 생두의 보관은 보다 대형으로 이루어지기에 일정한 설비 투자가 있게 되며, 생두 자체는 매우 안정적이므로 외부의 급격한 환경 변화만 없다면 그 품질은 안정적으로 보전된다.

 그러므로 생두를 보관할 때는 최대한 외부와의 접촉을 차단하는 것만으로 그 안정성을 지켜나갈 수 있다. 그러나 원두는 가열을 통해 물리적 화학적 반응을 일으킨 결과물로서 지속적으로 향미성분을 내보내며, 그만큼 자신의 품질을 자연적으로 손상시켜 간다. 또한 원두는 그 자체가 상품이므로, 보관의 주체는 생산자라기보다는 소비자인 경우가 많다.

 원두의 향미 발산은 30일 정도 이어진다고 하며, 이는 바꾸어 말하면 원두가 생산된 지 30일이 지난 뒤에는 제대로 된 향미를 느낄 수 없다는 것을 뜻한다. Specialty coffee 업계에서 원두는 볶은 지 2주 안에 모두 소비할 것을 권하고 있다.

 원두의 보관은 두 가지 면에서 이루어진다. 하나는 자연적인 향미 발산 작용을 최대한 억제하는 것이며, 다른 하나는 자연적인 향미 발산이 이루어지는 중에 일어날 수 있는 기타 변질 요인을 차단하는 것이다.

로스팅에 따른 성분의 변화

향미의 휘발

원두는 볶음 기계에서 나온 후부터 지속적으로 향미 성분을 발산한다. 볶음이 이루어진 직후 황 화합물을 발산하는데 이들은 매운 냄새와 쓴맛을 내며 보통 24시간, 최대 48시간동안 발산하며, 이후에는 서서히 그러나 급격히 휘발된다.

커피의 상품 포장 시 원두의 생산 24시간 후부터는 발산 물질에 이산화탄소의 비중이 높아진다. 볶음 과정 중 열변화로 부풀어 오른 세포 공극에 차 있던 이산화탄소는 향미 성분과 함께 천천히 빠져나온다. 이산화탄소 및 향미 성분의 발산은 공기와의 접촉이 많을수록 커지므로 원두를 분쇄하였을 때 더욱 짙은 커피 향을 느낄 수 있다. 역으로 원두를 분쇄한 경우 보존성은 극히 낮아지게 되고, 분쇄된 원두 속 세포 구멍 안에 산소가 있는 경우가 많으므로 산패는 진행된다.

변질

모든 유기 물질은 변질된다. 공기 중의 산소는 유기 물질과 결합하여 이들을 산화시키고, 태양에서 나오는 자외선은 유기 물질을 분해한다. 원두에 있어서 가장 변질되기 쉬운 요소는 지방 성분이다. 지방 성분 중 휘발산은 공기 중으로 발산하며, 비 휘발산은 원두에 남게 된다. 이들은 시간이 지남에 따라 외부로 두드러지게 나타나고, 산소와 만나 일정한 산화 과정을 거쳐 악취를 내는 물질로 변화한다.

보존 방법

일반적으로 잘 알려진 원두의 보존법은 유리병에 담아 냉암소에 밀폐 보관하는 것이다. 지방분은 플라스틱 물질에 베어들어 냄새를 풍기기 쉬우므로 보관 용기는 유리나 도자기가 좋다.

햇빛을 피하는 목적으로는 도자기가 좋으나, 내부 확인이나 청소는 유리가 좋다. 다량의 원두를 일정 기간 보존할 경우에는 1회용 폴리에틸렌 백에 넣는 경우가 많다.

원두의 냉동고 보관은 이론상으로는 최고의 보존법이다. 커피의 보관 방법 중 가장 잘못 알려진 방법 중의 하나가 냉동실에 보관하는 방법이다. 물론 원두를 구하기 힘들어 장기보관을 해야 할 경우에는 이 방법이 유효하다. 하지만 냉동 보관할 경우 신선도를 분별할 수 없게 된다.

커피를 냉동 보관했을 경우 냉동 보관한 커피를 마실 때 먼저 원두를 꺼낸 후 습기가 다 날라갈 때까지 방치한 다음 개봉하고 사용하며, 개봉한 후에는 상온에서 보관한다. 기체의 움직임은 저온에서 낮아지므로 향미의 발산은 저온에서 약해지며, 원두는 보다 오래 보존될 수 있다. 그러나 저온의 원두를 바로 상온에 내어놓았을 경우, 대기 중 수분이 원두 표면에 달라붙게 된다. 이러한 원두는 그 당시의 추출에는 문제가 없으나, 다시 보존하려 할 때는 보존성이 극히 낮아지므로 한번 상온에 꺼내 놓은 커피는 모두 사용해야 한다. 이를 방지하기 위해서는 긴 시간을 들여 상온으로 온도를 천천히 올려 줄 필요가 있다. 원두의 보관법을 간단히 표현하자면 아래와 같은 방법을 말할 수 있다.

커피를 고온 다습한 장소에 보관하지 않아야 한다.

커피의 보관에 최적인 기온, 습도는 초봄의 기후 정도이며, 기온이 20℃ 전후로 습도는 30~40% 정도, 즉, 사람이 쾌적한 상태라고 느끼는 조건이 원두의 보관에 최적의 상태라고 할 수 있다.

산소와의 접촉을 최소화

커피는 공기에 접촉하는 것만으로도 산화의 속도가 빨라진다. 그래서 볶은 원두를 보관할 경우 밀폐용기에 보관하는 것이 최적의 상태라 생각된다.

냉장, 냉동보관

볶은 원두를 구입 후 빠른 시일 내에 소비를 못한다면 지퍼봉투에 원두를 담아 냉장, 냉동고에 보관하는 것이 가장 좋은 방법이다. 냉장, 냉동으로 보관하는 것만으로도 원두가스의 방출 속도가 느려지게 되며, 커피 풍미의 저하 속도 역시 느려지게 하는 역할을 할 수 있다. 그리고 냉장, 냉동 상태였던 커피를 추출할 경우에는 상온에 10~15분 정도 해동을 한 후에 추출을 하면 된다.

CHAPTER 4

커피의 추출

1

커피의 추출

커피의 추출

뜨거운 물을 커피에 부어 커피 성분을 녹여낸 후 여과하는 것을 '추출'이라고 한다. 커피원두를 분쇄한 커피가루에 물을 이용하여 커피액을 만들어내는 것으로 "커피를 내린다.", "커피를 뽑는다."라고 말한다. 커피 추출에는 어떤 기구를 이용해 커피를 만들어 내느냐에 따라 다양한 방식이 있다. 가장 널리 사용되는 커피 추출 방법은 바로 드립(Drip)으로 이용하는 방법이다.

추출의 종류

종 류	특 징
핸드 드립 (Hand Drip) 	• 깔때기 모양의 드립퍼(Dripper : 주로 플라스틱 제품)와 종이 필터를 이용한 커피 추출 방법

종 류		특 징
전기 커피메이커		• 가장 널리 사용되는 커피 추출기 • 간편하지만 추출된 커피의 맛이 우수하다고는 기대하기 어려움
프렌치 프레스		• 커피 추출뿐만 아니라 차를 우려내는데도 이용 • 필터가 달려 있는 뚜껑을 들어내고 용기 내에 커피가루를 넣고 뜨거운 물을 부은 후 나무젓가락 등으로 휘저어 준다. 커피가 우려져 나올 때까지 기다린 후 피스톤 식의 필터를 밑으로 꾹 내려 누르면 필터 위로 커피 액만 남게 되고 이 커피를 잔에 따라 마시는 방법 • 유럽에서 많이 사용됨.
이브릭 (Ibrik)		• 긴 대롱이 있는 주전자 모양이라는 뜻 • 곱게 분쇄한 커피와 설탕을 넣고 약한 불에 커피거품이 일도록 다시 끓인다.
사이폰 (Syphone)		• 또는 베큠(Vaccum)이라고 함. • 진공흡입원리를 이용한 화려한 커피 추출방법 • 커피의 맛보다는 커피의 추출 과정을 눈으로 즐기는 것으로 더 유명한 커피 추출 방법
모카포트 (Mocha Pot)		• 가정식 에스프레소 커피 추출기구 • 끓는 물의 증기업력에 의해 상단으로 물이 올라가는 과정에서 커피 층을 통과하여 커피가 추출되는 원리

2

핸드드립(Hand drip)

핸드드립의 정의 및 기구

정의

핸드드립은 현재 가장 많이 보급된 일반적인 방법이고, 간편하게 커피가 만들어진다. 손으로 뽑아내는 방법으로, 볶은 커피 속의 성분이 뜨거운 물에 의해 녹는 향이 사람이 좋아하는 성분만 뽑아내는 과정을 말한다.

필요기구

여과지는 Filtering paper, 여과천 Flannel #40을 주로 이용하고, 깔때기는 Dripper - Melitta, Kalita, Kono 등이며 서버(server)는 유리를 많이 사용하고 주전자가 사용된다.

① 종이 필터

가장 많이 사용되는 것은 종이를 이용한 종이 필터로 형태에 따라 사다리형, 원추형이 있고 황색과 흰색 두 가지 종류가 있다. 멜리타용은 대나무와 펄프를 이용해

만들고 칼리타용은 사탕수수와 펄프로 만들어 깔끔한 커피맛을 낸다. 고노용은 순면으로 만들었다.

② 융필터

프랑스에서 1800년 중반에 만들어 졌고 플란넬이라고 부르기도 한다. 한쪽은 직모, 다른 쪽은 기모로 만들어 주어 깔끔한 커피맛을 내어 주고 3개면으로 이루어 진 것을 많이 쓴다. 처음 사용할 때는 끓는 물에 넣고 삶아서 사용하고 사용 후에는 깨

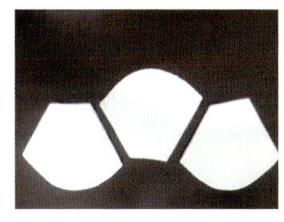

끗이 씻어 찬물에 담궈 냉장 보관한다. 30회 정도 사용하면 버린다.

바디감이 크고 느낌이 무거운 커피(케냐, 만델링)는 융드립이 좋고 향이 좋고 깔끔한 커피(에티오피아, 탄자니아)는 종이 필터가 좋다.

③ 드립퍼

- 멜리타(Melita)

구멍이 1개로 커피가 늦게 떨어져서 진한 커피 추출에 어울린다.
멜리타 벤츠라는 독일인이 발명한 최초의 드립퍼이다.

- 하리오(Hario)

둥근 원추형으로 구멍이 조금 큰 편이고, 추출 속도가 빨라 잡미가 없고 깔끔하며 부드러운 커피를 추출한다.

- 칼리타(Kalita)

일반적으로 많이 사용하는 드립퍼로, 추출 구멍이 3개로 일정하게 물이 빠진다.

- 고노(Kono)

둥근 원추형의 드립퍼로 물이 빨리 빠진다.

④ 융 드립퍼(Jung)

플란넬 천을 이용하여 드립을 하는데, 종이 필터에 비해 부드러운 커피맛을 추출할 수 있다.
  - 물에 담궈 둔 필터를 꺼내 물기를 없앤 후, 끓는 물에 융필터를 쐬어 기모를 살린다.
  - 융 필터에 준비된 커피를 담는다.
  - 드립을 하여 뜸을 들인다.
  - 가늘고 섬세하게 중앙에서 바깥으로 물을 부어 커피를 추출해 낸다.

⑤ 플라스틱 드립퍼

커피에 물이 닿는 모양을 육안으로 볼 수 있어 물줄기 조절이 가능하다. 가격이 저렴하여 경제적이나, 보온성이 떨어지고 변색이 될 수 있어 오래 사용하기는 어렵다.

⑥ 도자기 드립퍼

보온성이 좋고 사용하기에 깔끔하여 반영구적 사용이 가능하지만, 플라스틱에 비해 무겁고 깨지기 쉬우며 가격이 비싸다. 핸드 드립하기 전에 미리 예열해서 사용해야 하는 번거로움이 있다.

⑦ 동 드립퍼

고급스러워 가격이 비싼 것이 단점이지만, 보온성과 열전도율이 좋다.

⑧ 드립포트

드립 커피를 추출할 때 사용하는 주전자로, 모양보다는 물줄기 조절이 가능한 포트를 선택하는 것이 중요하다.

⑨ 드립서버

드립퍼에서 추출된 커피를 담는 것으로, 정확한 액량을 계량할 수 있는 눈금이 표시되어 있다. 미리 예열해서 사용하면 좋다.

⑩ 계량스푼

커피를 분쇄하여 6g, 8g, 10g의 계량스푼을 이용한다.

여과지 접기

① 여과지를 드리퍼의 크기에 맞추어 준비한다.
② 아랫부분을 위쪽으로 접는다.
③ 뒤집어 옆면을 위쪽으로 접는다.
④ 아래와 옆면의 접지 부분이 서로 반대로 향해야 한다.

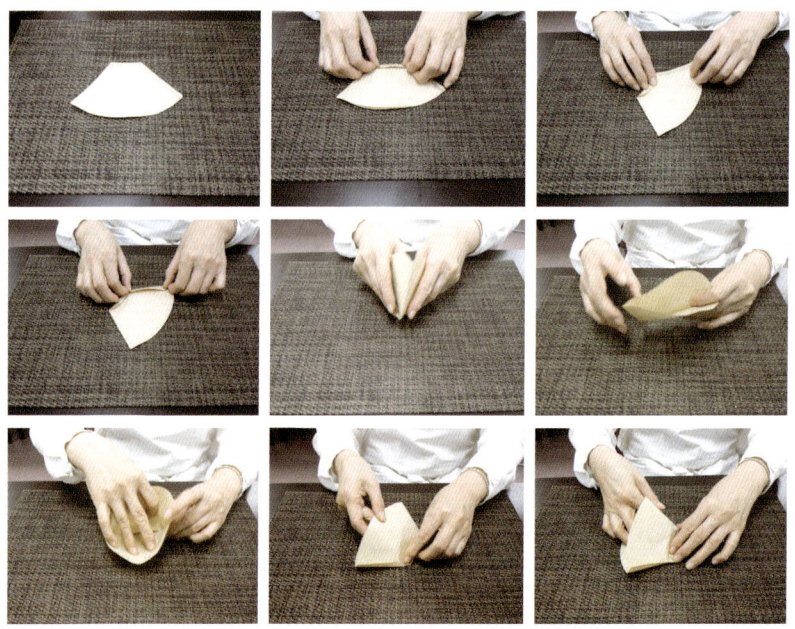

핸드드립의 분쇄와 로스팅

볶은 지 2주 이내의 커피콩을 이용하고, 추출 직전에 분쇄하여 입자가 균일하게 준비한다. 주로 미디엄에서 풀시티 정도 로스팅을 한다. 라이트 로스팅은 0.4mm, 미디엄 로스팅은 0.7mm, 다크 로스팅은 1mm 전후로 분쇄한다.

온도

추출시간을 길게 하면 향기가 다 날아가므로 추출을 빠르게 해야 하며, 물의 온도는 90~95℃에서 물이 끓을 때 경수가 연수로 바뀌어 휘발성 기체가 날아간다. 그래서 물이 끓은 후에 식힌 물이 좋다.

드립 시 커피와 물의 분량

잔 수	가루의 분량	추출량
1잔	10g	150cc
2잔	18g	300cc
3잔	25g	450cc

페이퍼 드립의 추출법

페이퍼를 그림과 같이 접어서 준비한다.

여과지를 손으로 드립에 고정시키고 밀착시킨 후 가루를 넣는다.

첫번째 물을 부을 때는 커피 전체에 골고루 붓고 물의 양은 서버에 떨어질 정도로 한다.
커피가 물에 적셔질 정도로 부어 뜸들이기 또는 불리는 단계이다. 절대로 여과지에 먼저 적시지 말고 조심해서 붓는다.

가루가 솟아오르면 2번째 물을 가운데에서 밖으로 원을 그리듯이 물을 촘촘하게 천천히 가늘게 잘해야 하고, 맛 차이는 물줄기 굵기 차이에 있다.
(추출액량 50%)

세 번째 물을 부을 때는 두 번째와 같은 요령으로 물의 표면이 너무 올라오지 않도록 한다.
두 번째보다 빠르게 하고 일렁거리지 않게 붓는다.
이때쯤 되면 가스가 다 빠진다.(추출액량 30%)

네 번째와 다섯 번째 물을 부으면서 추출량을 조절한다.
세 번째보다 더 빠르게 추출하고, 추출액량의 20%가 추출된다.

추출 후 가루의 상태가 균형 있게 남아있는 것이 이상적이다. 전체 추출시간은 3분정도 걸리는 것이 적당하고, 추출시간이 적게 걸리기 위해 작게 분쇄하고 다 뽑아내려고 하지 말아야 한다.

뜸들이기

뜸들이기는 약간의 물로 커피를 적셔 불리는 과정으로 물을 적당히 부어 충분한 시간 뜸을 들이면 제대로 된 커피 추출을 할 수 있다. 커피를 추출할 때는 안에서 밖으로 밖에서 안으로 원을 그리며 물을 붓는다.

3

사이폰(Syphon)

사이폰

사이폰은 1840년 스코틀랜드의 로버트 내피어가 처음으로 개발해 낸 후, 1842년 프랑스 바슈부인에 의해 현대의 기구가 만들어졌다.

사이폰 추출 기물은 로드와 플라스크가 있고 추출 필터는 융필터, 종이 필터, 유리 필터, 나일론 필터, 금속 필터가 있다.

열원은 알코올버너, 부탄버너, 할로겐 방식이 있고 그 외에 막대기가 있어야 한다. 사이폰의 원리는 열에 의한 수증기의 팽창과 수축의 원리로, 진공여과 방식이라 한다.

사이폰

사이폰 추출하기

- 플라스크에 물을 부어 가열한다.
- 분쇄된 커피를 로드의 여과장치에 담는다.
- 로드를 플라스크에 결합한다.
- 물이 로드로 올라가면 열원을 줄이고 막대를 이용해 물과 커피를 섞는다.
- 열원을 제거하고 커피를 추출하여 잔에 따른다.

사이폰의 구조

플라스크
물이 가열되어
커피가 추출되는 곳

로드
분쇄된 커피를
담는 곳

열원

4

모카포트(Mocha pot)

모카포트 추출

모카포트는 1933년 이태리 알폰소 비알레띠(Alfonso Bialetti)에 의해 만들어졌고, 바에서만 즐기던 에스프레소를 집에서도 쉽게 마실 수 있게 만들어 놓은 기구이다.

수증기압차의 원리로 에스프레소를 추출하는 방식이다. 기구는 1~18인용까지 있고 재질은 알루미늄, 스테인레스, 도자기가 있다.

모카포트의 구성

모카포트 추출하기

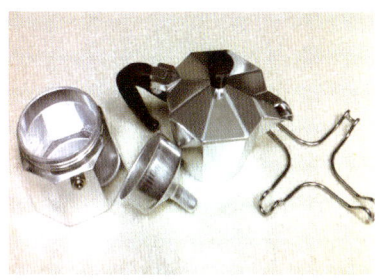

모카포트 준비물

하단 포트에 물을 3mm 정도 낮게 붓는다.

바스켓에 커피를 담는다.

바스켓에 커피를 담고 평평하게 다져준다.

커피를 담은 바스켓을 하단에 넣고 포트의 상단과 하단을 고정한다.

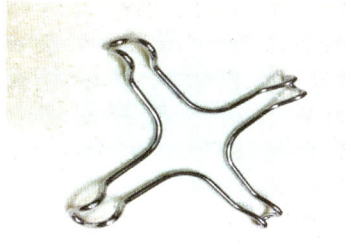

휴대용 가스렌지에 걸쇠를 얹고 모카포트를 올려 중불정도로 가열한다. 커피가 추출되면 불을 끈다.

5

프렌치프레스(French press)

프렌치프레스 추출(French Press)

1930년 이탈리아에서 프렌치프레스가 개발되어, 프랑스에서 보급되어 사용되었다. 구성은 컵, 뚜껑, 금속망사 필터로 구성되어 있고 풍부한 바디감과 고유의 풍미를 느낄 수 있는 장점을 가지고 있다.

프렌치프레스

프렌치프레스 사용법

- 굵은 그라인딩(Coarse grinding)을 프렌치프레스에 넣고 끓은 물을 붓는다.
  (커피 1큰술, 물의 온도 95℃)
- 스푼으로 젓고 잠시 후, 다시 한번 저어 준다(4분 정도).
- 프레스를 누르고 잠시 두었다가(30초), 윗물만 따라 마신다(커피 양 180ml).

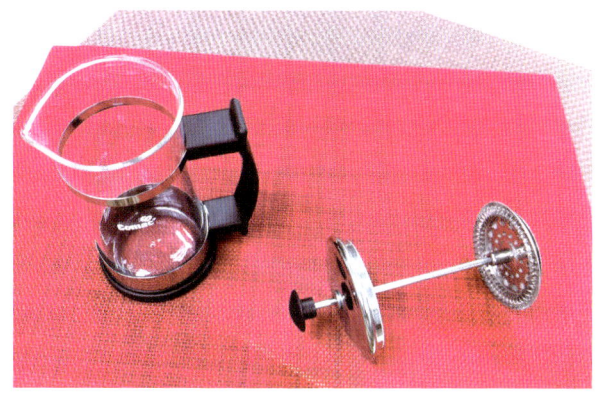

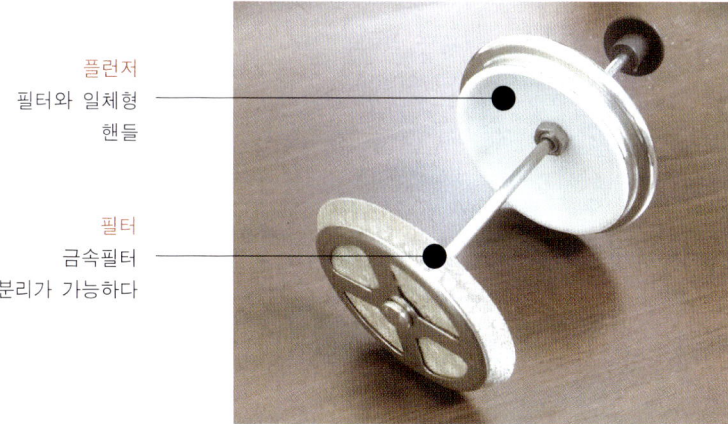

플런저
필터와 일체형
핸들

필터
금속필터
분리가 가능하다

6

이브릭(Ibrik, Cezve)

이브릭

터키식 커피는 가장 오래된 커피 추출방법으로, 이집트 카이로에서 유래하여 중동지역에 널리 퍼져 있었다. 터키가 이 지역을 정복한 후 이브릭 추출법이 터키에 전파되어 오늘날 터키식 커피로 알려져 있다.

이브릭

다양한 종류의 이브릭

이브릭 사용법

커피가루 20g에 물 120ml, 설탕 15g을 넣고 끓여 커피가 끓어 넘칠 때까지 끓이고 스푼으로 저어 준다. 다시 불에 올려 세 번 반복하여 끓여서 향이 좋고 진하며 바디감이 묵직하고 쓴 커피이다. 온도를 93℃에서 95℃를 맞추어야 한다.

7

더치커피(Dutch coffee)

더치커피의 유래

더치커피의 원래 이름은 콜드 브루커피(Cold brew coffee)이다. 그러나 우리나라에서는 더치커피라고 하는데, 17세기경 네덜란드 상인들이 인도에서 커피콩을 유럽으로 싣고 가던 중 커피를 찬물에 내려 마셨다는데서 유래되었다.

한 방울이 보통 2~3초에 걸려 떨어지고, 500ml 한 병이 만들어지려면 6~12시간이 걸린다. 뜨거운 물로 나온 커피에 비해 맛이 독특하고, 중탕하여 데워서 마시거나 카페라떼를 만들어 먹기도 한다. 카페인 함량이 적은 것이 특징이다.

더치커피

더치커피 구조

8

에스프레소(Espresso)

에스프레소의 역사 및 원리

에스프레소의 역사

17세기부터 유럽에서 커피를 마시기 시작하였고, 1720년에는 베네치아(카페, 플로니안)이 개점해 현재에 이르고 있다. 19세기 후반에 프랑스와 이탈리아에서 에스프레소를 마시기 시작하였으며, 20세기 초에는 북미까지 보급되어 전 세계에서 각광받고 있다. 많은 손님에게 커피를 제공하기 위해 커피의 추출속도를 빠르게 하는 기계장치가 고안되었다.

이탈리아계	이탈리아에서는 아침 식사 시에 밀크를 더한 카푸치노를 마시기도 하지만, 대부분의 사람들은 밀크 등을 더하지 않고 스트레이트의 에스프레소에 설탕을 넣어 마신다. 일반적으로 커피의 쓴맛은 단 것과의 궁합이 잘 맞는다. 블랙이 맛있다고 하는 사람은 에스프레소의 진정한 맛을 모른다고 할 수 있다.
시애틀계	미국인에게 에스프레소가 60년대부터 알려지기 시작하였고 유럽여행을 하면서 에스프레소, 카푸치노, 카페라떼의 맛을 알고 미국의 대도시에서 알려지기 시작하였다. 1982년 시애틀에 있는 스타벅스 커피회사에 입사한 슐츠가 1986년에 스타벅스를 매입해 체인점을 확대해 나갔다.

에스프레소의 어원 및 원리

에스프레소는 이탈리아에서 처음 만들어졌으며 빠르다는 의미를 가지고 있고, '특별히 당신을 위해 만든 커피(Coffee expressly for you)'라는 의미도 포함하고 있다. 강하게 배전된 원두커피를 가는 입자로 분쇄하여 에스프레소 전용기구나 머신을 이용해 압력을 가하고 단시간에 추출한 진한 소량의 커피를 '에스프레소커피' 또는 '에스프레소'라 한다. 1잔에 7g(40알맹이) 정도의 분쇄커피로 20~30초 안에 88~92℃ 물의 온도와 9기압으로 30cc정도 추출한 커피의 원액을 말한다.

에스프레소 추출

에스프레소 기계 종류

에스프레소 기계는 수동, 반자동, 자동, 완전 자동이 있고 반자동 머신은 바리스타가 원두를 분쇄하고 추출하는 세미오토메틱 머신과 오토메틱이 있다. 우리나라에서는 2그룹 에스프레소 기계를 많이 사용하고, 주로 이태리에서 많이 수입해 온다.

반자동 에스프레소

- 전통적인 에스프레소기계(레버방식)
- 반자동 에스프레소기계(Semi Automatic espresso Machine)
- 자동 에스프레소기계(Automatic espresso Machine)
- 전자동 에스프레소기계(Super Automatic espresso Machine)

에스프레소 추출 준비

탬퍼
분쇄커피의 수평밀도를 형성하고 정량을 고를 때 사용한다.

넉박스
분쇄커피가루나 커피케이크를 담는다.

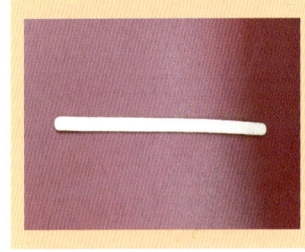

도구(나무막대)
분쇄커피의 수평밀도를 맞추는데 사용한다.

에스프레소의 추출 용어

① **분쇄**

원두는 에스프레소용으로 강배전한 원두를 즉석에서 곱게 분쇄해야 좋은 커피 맛을 얻을 수 있고, 굵게 분쇄하면 커피가 제대로 추출되지 않고 지나치게 곱게 분쇄하면 쓴맛의 커피가 추출된다.

② **1회 분량(Dose)**

1회 추출에 필요한 분쇄커피의 분량을 도스(Dose)라고 하는데, 보통 7~8g을 사용하고 30ml정도 추출하여 에스프레소 전용의 두껍고 작은 데미타스 잔에 마신다. 작은 잔은 밑으로 갈수록 좁아지는 묵직한 형태가 좋으며, 뜨거운 물로 데워두거나 기계 위에 놓아서 기계의 남은 열로 데워둔다.

③ **템핑**

포터필터에 가루를 채워 평평하게 펼친 다음 템퍼를 이용하여 강하게 눌러 공기를 빼면서 단단히 누르는 조작을 템핑이라고 한다. 이때 힘은 10~20kg으로 강하게 누른다.

④ **태핑**

템핑을 하고 난 후 필터 홀더에 남겨진 원두의 표면을 고르게 하기 위해 가볍게 필터 홀드 외벽을 1회 쳐주는 작업이다. 너무 심하게 치면 균열이 가기 쉬우므로 주의해야 한다.

⑤ **그룹헤드**

필터헤드를 결합시키는 부분을 말하며, 그 구조는 각기의 기계 메이커별로 설계 노하우를 갖고 있다. 이 구조의 설계로 인하여 얼마나 커피가 골고루 용해되며, 유속(Water speed)이 커피에 미치는 영향이 달라질 수 있다. 이 필터가 오염되어 있으면 양질의 에스프레소를 얻기가 힘들다. 아무리 좋은 성능의 기계라 할지라도 이 필터를 주기적(횟수가 잦을수록 좋음)으로 관리하여 주지 않으면 그 가치가 살아나질 않는다.

⑥ **필터홀더**

그라인딩된 커피를 담아 그룹헤드에 장착시키는 손잡이가 달린 홀더를 말하며, 주로 1잔 또는 2잔의 커피를 추출할 수 있는 구조의 것으로 되어 있다.

⑦ **크레마**

추출하면 커피 표면에 세밀한 거품이 생기는데, 이것을 크레마라고 한다. 이것이 에스프레소의 가장 큰 특징이다. 크레마는 에스프레소의 향이 날아가는 것을 막고 커피가 잘 식지 않도록 해준다.

에스프레소 용어
- 에스프레소 샷(Espresso shot) : 8g의 커피가루를 이용하여 추출한 커피
- 에스프레소 솔로(Espresso solo) : 25ml의 에스프레소 한 잔을 뽑은 것
- 도피오(Espresso doppio) : 50ml의 에스프레소를 두 잔으로 뽑은 것
- 트리플(Triple) : 에스프레소 커피 세 잔을 뽑은 것(75ml)
- 리스트레토(Ristretto) : 15~20ml의 에스프레소를 뽑은 것으로, 가장 적은 양을 뽑은 것
- 룽고(Lungo) : 50ml로 에스프레소를 과다 추출한 것
- 아메리카노(Americano) : 에스프레소 커피에 따뜻한 물을 부어 300ml로 만든 것
- 해머헤드(Hammer head) : 드립커피와 에스프레소를 1 : 1로 혼합한 것

크레마(Crema)

크레마는 커피의 오일성분인 지용성 성분과 물이 커피를 통과하면서 생기는 거품인 수용성 성분의 결합체이다(주성분 CO_2, 식물성 지방, 당분, 곱게 간 원두에서 나오는 아교질과 섬세한 오일의 결정체). 두께는 4~5mm정도, 색은 황금색 또는 진한 갈색(Dark brown)의 크레마가 좋으며 데미타세를 기울였을 경우 크레마 밑의 추출액이 드러나지 않은 상태로 약 1분 이상 지속되는 것이 올바르게 추출된 크레마이다.

① 크레마는 영어로 말하면 크림(Cream)이다.

② 에스프레소의 크레마가 형성되는 원리를 살펴보면 물이 매우 높은 압력에 의해 가루를 통하게 되고, 이때 향을 담당하는 용해성 물질의 대부분과 기름이나 콜로이드 같이 비용해성 물질까지도 빨아들이게 된다. 높은 압력의 작용에 의해 콜로이드와 기름은 미세한 방울로 분해되어 에스프레소의 농도와 향을 가중시킨다. 크레마는 추출할 때 순간적으로 커피를 불리고(Infusion), 압력(Pressure)으로 밀어내며 생기는 황금색이나 갈색의 크림을 말하는 것으로, 크림 입자들이 쉽게 침전되지 않고 커피 위에 떠있는 상태라 할 수 있다.

③ 크레마는 단열층의 역학을 하여 커피가 빨리 식는 것을 막아주고, 커피의 향을 함유하고 있는 지방 성분을 많이 지니고 있어 보다 풍부하고 강한 커피 향을 느낄 수 있게 해준다. 그 자체가 부드럽고 상쾌한 맛을 지니고 있어, 에스프레소에 있어서 매우 중요하다.

④ 크레마가 좋은 에스프레소 커피를 만들려면 신선한 원두, 좋은 에스프레소 추출기, 적절한 분쇄 정도, 적절한 탬핑, 신선하고 깨끗한 물이 꼭 필요하다. 크레마 색으로도 에스프레소의 완성도를 알 수 있는데, 색깔은 밝은 갈색이면 좋다.

에스프레소 추출

에스프레소

⑤ 크레마의 형태

크레마의 양은 3~4ml정도로 설탕 한 스푼을 넣었을 때 바로 가라앉지 않고 잠시 크레마 위에 얹혀 있다가 떨어지면 적당하다고 볼 수 있다. 거품의 밀도가 낮은 것이면 추출 커피양이 적었다는 뜻이 되고, 너무 어두운 계열이나 밀도가 높으면 추출 커피양이 많았다는 뜻이 된다.

과소추출

정상추출

과다추출

추출

추출할 때 과소추출이 되는 경우는 커피의 성분이 충분히 용해되지 않은 상태로 추출되는 경우인데 원인은 굵은 분쇄, 적은 양의 분쇄, 기계적인 결함이 있을 때 이런 현상이 나타난다.

추출이 20초 이내로 이루어지고 크레마 색이 옅고 양이 적으면 향과 맛이 약하게 추출된다. 과다추출이 이루어질 때는 커피가 과도하게 추출되거나 분쇄도가 곱고 분쇄양이 많으며, 기계적 결함이 원인이다. 추출시간이 30초 이상 걸리고 버튼을 누른 뒤 한참 시간이 경과한 후 추출이 일어나고, 크레마의 색이 진하며 쓴맛이 강하다. 정량의 분쇄로 30초 이내에 30cc정도 추출량이 크레마와 맛이 좋다.

에스프레소 추출 기구

에스프레소 머신의 구성

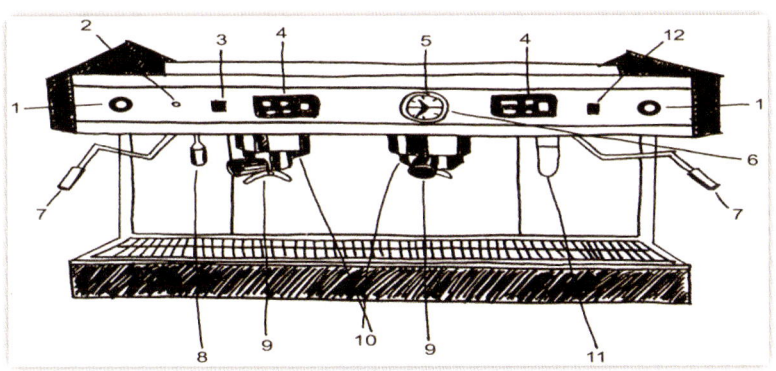

1. 스팀 밸브
4. 추출 버튼 패널
7. 스팀 분사기
10. 그룹 헤드

2. 온수표시등
5. 추출 압력 게이지
8. 온수 꼭지
11. 수량 측정계

3. 온수 추출버튼
6. 보일러 압력 게이지
9. 필터 홀더
12. 작동 스위치

에스프레소 머신의 대략적인 구성

부분 명칭	특 징
보일러 (Boiler)	• 재질은 열효율과 기타의 편리성을 위하여 동 제품을 주로 사용하며, 가끔 스테인레스 제품도 사용한다. • 보일러의 용량은 클수록 유리하며 이는 스팀압력의 적정압력을 유지하는데 많은 도움이 되는 동시에, 커피온도의 적정온도를 유지하는데 기여한다. • 보일러 내부의 끓는 온도는 90~95℃이며, 스팀압력은 1bar로 주로 설정된다.
펌프 (Procon pump)	• 보일러에 물을 공급시켜주는 동시에 커피를 추출하게 하는 압력을 발생시키는 역할을 한다. • 커피를 추출할 때 발생시키는 압력(주로 8~10기압)을 지속적으로 유지시켜주는 중요한 역할을 담당한다.
스팀압력조절기 (Pressure switch)	• 보일러 내부의 물을 끓여 압력을 발생시키면 원하는 유효압력이 적정압력으로 유지될 수 있도록 하는 기능을 한다.
그룹헤드 (Group Head)	• 필터헤드를 결합시키는 부분을 말하며, 기계 메이커별로 설계 노하우를 갖고 있다. 설계에 따라 얼마나 커피가 골고루 용해되며, 유속(Water speed)이 커피에 미치는 영향이 달라질 수 있다. • 가루 상태의 커피가 접촉되어지는 부분이므로 커피 찌꺼기들이 엉겨 붙지 않도록 청결상태의 유지가 절대적으로 필요한 부분이다.
필터홀더 (Filter holder)	• 그라인딩된 커피를 담아 그룹헤드에 장착시키는 손잡이가 달린 홀더. • 주로 1잔 또는 2잔의 커피를 추출 할 수 있는 구조로 되어 있다. • 각 잔 별로 1잔의 것은 약 6.5~7g, 2잔의 것은 약 13~14g으로 용량이 다르다. • 역시 청결이 중요하며 그룹헤드보다는 청소가 용이하다. • 사용 후 깨끗이 닦은 후 그룹헤드에 장착시켜 그룹헤드와 같은 온도를 유지시킴으로 따뜻한 커피가 추출될 수 있도록 한다.

부분 명칭	특 징
기타	• 보일러 안전밸브 보일러가 계속 끓기만 하여 결국 압력이 충만하게 되어 위험한 상황이 되면 압력을 배출(보통 1.5bar 이상)시켜주는 역할을 한다. • 압력게이지(Gauge) 보통 수압과 펌프의 압력(펌프 가동 시의 압력은 대략 7~10기압)을 나타내고, 또한 보일러 압력(보통 1bar)을 표시한다. 과압력이 발생하는 것을 계기 상으로 알 수 있게 하며, 이상이 있을 시 기계전문가에게 의뢰하여 처리한다. • 플로우 센서(Turbin flow sensor) 커피 물량을 지정된 양으로 감지하는 센서이며, 이상 발생 시 커피 물량의 조절이 안 된다. • 컴퓨터 컨트롤러(Computer controller) 기계의 각 기능의 신호를 주고받아 컨트롤하는 기능을 하며, 전기적인 요소(전압의 높낮이)와 보일러의 스팀이 새는 영향으로 습기가 차는 등 이상 발생하는 경우 제 기능을 발휘하기 힘들다.

에스프레소 머신 관리

청소 및 관리

다른 기계와 마찬가지로 에스프레소 머신 역시 관리가 부실하면 기계의 수명을 단축시키게 되므로, 에스프레소 머신을 사용한 후에는 반드시 깨끗하게 청소하는 것은 필수적이다. 에스프레소 머신을 제대로 관리하기 위해서는 그 기본 구조를 이해하고 있어야 하며, 에스프레소 머신의 기본적인 구조는 유사하지만 약간의 차이가 있으므로 에스프레소 머신을 구입할 때 제조업체에서 제공하는 제품설명서를 잘 숙지하고 있어야 한다.

에스프레소 커피 그라인더

에스프레소용 그라인더는 버튼이 on-off로 되어 있고, 분쇄도를 조절하고 포터필터에 받는 분쇄 커피의 양을 조절하는 반자동 그라인더와 그라인더 버튼으로 분쇄커피의 양을 세팅하여 정량으로 분쇄할 수 있는 자동 그라인더가 있다.

부분별 명칭

호퍼
커피분쇄기에서 원두를 담아 두는 곳

조정 접관
원두의 분쇄 굵기를 조절하는 것. 시계반대 방향은 고운 분쇄, 시계방향은 굵은 분쇄

조정 접관 손잡이
조정 접관의 이동을 편하게 해준다.

디스펜서
분쇄된 커피가 담아 두는 곳

핸들 레버
디스펜서에 있는 커피를 포터필터로 나오게 조절해 주는 것

전원스위치
그라인더의 모터를 작동시키는 것

포터필터 받침대
분쇄커피를 받을 때 흩어지지 않게 받치는 곳

에스프레소 추출

• 팩킹(Packing)

에스프레소 추출을 하기 위해 커피콩을 갈아 도징(Dosing), 태핑(Tapping), 탬핑(Tamping)하는 동작을 팩킹(Packing)이라 한다. 가능한 짧은 시간 내에 이루어져야 하는 동작으로, 커피의 향과 맛을 좌우하는 중요한 부분이다.

① 도징(Dosing)

커피를 갈기 시작하면서 바로 핸드레버를 이용하여 도우저 안에 분쇄된 커피를 포토필터에 담는 과정이다. 이때 필터 바스켓 전체에 골고루 담아지도록 하고 도우저 안에 커피가루가 남아 있지 않아야 한다. 1컵에 7~10g, 2컵에 20g 전후의 양이 필요하다.

① 그룹헤드에서 포터필터를 분리한다.

② 필터바스켓을 깨끗이 닦아 건조시킨다.

③ 그라인더로 커피를 분쇄하고 핸들레버를 당겨 포터필터에 커피를 고루 받는다.

④ 커피를 담고 그라인더를 멈춘다. 디스펜서에 커피가루가 남아있지 않도록 주의한다.

② 1차 태핑(Tapping)

필터 바스켓에 담은 커피를 고르게 채우는 과정이다. 손가락을 이용하여 필터 바스켓에 담긴 커피를 두 번 정도 앞뒤로 왔다갔다하여 필터 바스켓의 빈 공간을 채워 수평으로 맞춘다.

① 탬퍼 뒷부분으로 포터필터에 2번 정도 쳐서 커피의 정량을 맞춘다.

② 손가락으로 필터바스켓의 커피 양을 잘 맞추어 빈공간이 없도록 한다.

③ 손가락을 이용하여 필터바스켓의 분쇄커피를 정량과 수평도를 맞춘다.

③ 1차 탬핑(Tamping)

포터필터를 작업대에 걸쳐 3kg정도의 힘으로 누르면서 수평도를 맞추어 다지기를 한다.

④ 2차 태핑(Tapping)

탬퍼의 손잡이 뒷부분으로 포터필터에 2번 정도 살짝 충격을 주어 필터 바스켓 안쪽에 붙어있는 분쇄커피를 털어 낸다.

⑤ 2차 탬핑(Tamping)

20kg의 힘으로 다시 다지면서 수평밀도를 맞춘다.

① 1차 탬핑 : 3kg의 힘으로 수평을 맞춘다.

② 2차 태핑 : 탬퍼의 손잡이 뒤쪽을 이용하여 포터필터를 통통 친다.

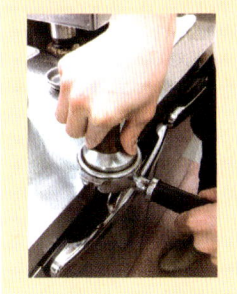

③ 2차 탬핑 : 20kg의 힘으로 수평을 다시 한번 맞추기 위해 탬퍼로 포터필터를 누른다.
필터바스켓에서 탬퍼를 살짝 돌리면서 떼어낸다.

④ 필터바스켓에서 탬퍼를 뗄 때는 천천히 회전한 후 분리한다.

에스프레소 추출과정

① 잔 데우기
맛있는 커피를 즐기기 위해 추출 전 잔을 따뜻한 물로 데운다.

② 포터필터 분리
그룹헤드에서 포터필터를 분리한다.

③ 커피 분쇄
신선한 커피를 마시기 위해 추출 직전에 커피를 분쇄한다.

④ 포터필터 건조
커피 분쇄와 동시에 포터필터를 분리하여 물기가 없게 닦는다.

⑤ 도징
필터 바스켓에 커피가 고루 분포되도록 도징한다.

⑥ 팩킹
1차 태핑 후 1차 탬핑을 하고 2차 태핑 후 2차 탬핑을 한다.

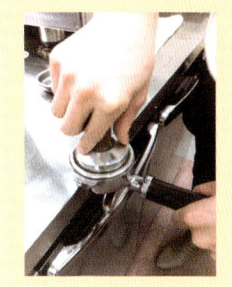

⑥-1태핑
분쇄커피의 양이 고르게 분포하도록 하는 동작이다.

⑥-2탬핑
올바른 에스프레소 추출을 위해 고르게 다지기를 한다.

⑥-3 탬핑
20kg의 힘으로 고르게 다진다.

⑦ 온수 흘리기
고른 온도의 물로 커피를 추출하기 위해 추출 버튼을 눌러 온수를 내린다.

⑧ 상부 청소
필터바스켓 상부를 청소해 준다.
청소를 해주는 이유는 개스킷의 마모를 줄이고 압력을 형성하기 위해서이다.

⑨ 장착
포터필터를 그룹헤드에 장착한다.

⑩ 추출
30ml의 에스프레소를 받는다.

⑪ 제공
추출한 에스프레소를 내놓는다.

⑫ 커피 케이크 제거
포터필터의 커피 케이크를 제거한다.

⑬ 마무리
작업대 주변을 정리한다.

9

우유 거품내기

우유 거품내기

스팀완드를 이용해 우유의 온도를 올리고 거품을 만든다. 스팀노즐을 깊이 1cm, 각도 30℃로 넣고 공기주입을 하면서 거품을 형성시킨다. 공기주입은 40℃ 전후에서 마무리한다. 시작하기 전 우유 온도는 3℃로 유지한다.

스팀완드
스팀이 분사되는 곳으로 스팀노즐, 손잡이로 이루어져 있다.

피처
우유 거품을 낼 때 우유를 담는 스테인리스 재질의 용기로 스티밍할 때에는 냉장 보관한 피처를 사용한다.

우유
우유는 내장 보관하여 신선함을 유지하며 사용한다.

스팀밀크 방법

- 우유 거품내는 순서
- 우유 계량 → 스팀을 두 번 충분히 뺀다 → 스티밍을 하면서 공기 주입을 한다 → 안정화 → 끝을 낸다.

① 우유 계량
피처에 5℃ 정도로 차갑게 식힌 우유를 피처의 1/3~1/2 정도가 되게 넣는다.

② 스팀분출
스팀을 하기 전 미리 증기를 만들어 스팀 관 전체를 데우고 관 속에 맺혀 있는 물을 빼낸 다음, 노즐을 우유 속에 넣고 최대 출력으로 스위치를 누른다.

③ 스티밍
처음에는 '큐큐큐-' 소리가 나며, 피처를 양 손으로 잡고 손바닥으로 온도를 감지하면서 한다.

④ 공기주입
노즐의 증기구멍이 우유 밖으로 나오게 피처를 밑으로 내려 공기를 한꺼번에 받아들이면서 거품을 만들면 '치치치-' 하는 날카로운 소리가 난다.

⑤ 안정화
우유거품과 우유를 혼합한다.
거품이 생기고 30℃ 정도가 되면 피처를 들어올려 노즐을 우유 속 깊숙이 집어넣고 피처 전체를 돌리며 휘저어 섞어 거품입자를 아주 적게 만든다.

⑥ 온도
메뉴에 알맞은 온도와 거품이 생성되면 스팀을 정지한다.
65℃ 이하의 자신이 원하는 온도가 되면 바로 스위치를 끄고 노즐을 뺀다.

⑦ 거품 정리
피처의 바닥을 조리대에 두세 번 탁탁 가볍게 내리쳐 큰 거품을 없앤다.

⑧ 마무리
스팀을 충분히 빼고 행주로 스팀완드를 깨끗이 닦아 제자리에 둔다.

⑨ 우유 거품 계량
우유 거품을 잔에 붓기 편하도록 반반씩 나누어 준다.

⑩ 붓기
알맞은 양의 우유 거품을 부어 카푸치노를 만든다.

우유 거품낼 때 주의할 점

- 우유는 항상 유효기간을 확인하고 냉장고에 보관한다.

- 우유는 절대 70℃ 이상 데우지 않으며, 과열된 우유는 버리고 피처를 헹궈야 한다.

- 한번 사용한 우유는 다시 쓰지 않는다. 그래도 아까우면 차게 식혀 연습용 정도로만 사용한다.

- 노즐에 남아 있는 우유를 닦는 행주는 항상 깨끗한 것을 사용하고 중간 중간 깨끗이 빤다. 절대 바닥에 내려놓지 않아야 하며, 노즐 위쪽에 위치한 머신에 올려두어 다른 행주와 구별한다. 이미 사용한 행주는 버리고 새로운 것으로 교체하거나 다시 사용할 경우 반드시 매일 깨끗이 삶아 바싹 말린 후 사용한다.

- 무엇보다도 중요한 것은 에스프레소와 우유거품을 만드는 순서이다. 우선 스팀 피처에 우유를 담고, 커피를 탬핑한 후 머신에 끼워 에스프레소 추출 버튼을 누른다. 버튼을 누른 동시에 담아둔 우유의 거품을 낸다. 이렇게 하면 에스프레소가 뽑아지는 시간과 우유가 데워지는 시간이 일치한다. 에스프레소가 뽑아진 채로 남아 있을 필요도 없으며, 우유가 거품과 분리될 필요도 없다.

거품낸 우유 붓기

① 우유 거품 붓기
거품낸 우유를 반으로 나누어 잔의 중앙에서 우유 거품을 붓는다.

② 크레마 안정화하기
천천히 부으면서 크레마가 40%까지 올라오게 한다.

③ 모양 만들기
하트모양으로 우유를 부어가며 잔을 채우면서 만들어 간다.

④ 마무리하기
잔이 가득 찰 때까지 부어 마무리한다.

CHAPTER 5

다양한 커피 아이템

1

커피의 부재료

물(Water)

물을 마시기에 안전한 정도를 미국 공공건강 기준에 따라 보면, 물은 반드시 깨끗하고, 냄새가 나지 않고, 맛이 나지 않아야 한다. 박테리아가 없어야 하며 구리 0.2ppm, 철 0.3ppm, 황산염 250ppm, 염화물 250ppm, 마그네슘 100ppm 이하여야 하며, 총 용해물질이 1000ppm을 넘어서면 안 된다. 또한 알칼리 10ppm 이하(가성 알칼리는 전혀 없어야 한다), 나트륨 30ppm, 칼륨 30ppm 이하여야 한다.

마시기에 안전한 물은, 최고의 커피를 만드는데 반드시 필요한 것은 아니다. 물속의 불순물이 커피 향에 부정적인 영향을 주는 정도를 생각한다면, 커피 향미 성분과 불순물의 농도에 관한 상관관계를 보는 것이 중요하다.

물속 총 용해농도가 300ppm이 넘는다. 일반적으로 300ppm 이하로 녹아 있는 물에서는 추출 시 문제는 없다. 사실 100~200ppm의 물만 되어도 산속 샘물의 'Crystal fresh'맛을 낸다고 한다.

철 성분이 2ppm을 넘는다. 철 함유량이 10ppm 정도인 물을 쓰면 향이 달라지는 것은 아니지만 색이나 그 모습이 다르기 때문에 구별한다. 특히 크림을 첨가하면 확연한 차이가 난다. 비록 물속 농도가 극도로 낮다 할지라도, 철이 커피 속 페놀과 결합할 경우 쇠붙이성의 독특한 녹색을 띤다.

칼슘이나 마그네슘 혼합물이 100ppm을 넘는다. 칼슘이나 마그네슘은 지표면의 대표적인 원소들이다. 물이 토양을 지날 때 이들이 녹아든다.

탄소-중탄산 알칼리가 100ppm을 넘는다. 탄산, 중탄산 화합물은 수도에서 나오는 어떤 다른 화합물보다도 더 커피 층을 지나는 물의 흐름을 더디게 한다. 특히 농도가 100ppm을 넘기면 더 심해진다. 나트륨, 칼륨 결합물이 50ppm을 넘어간다. 농도가 낮을 경우, 이들 염은 추출물에 단 느낌을 더 해준다. 그러나 농도가 증가하면 나트륨은 주석산의 신맛을 증가시킨다. 동시에 칼륨은 페놀 화합물의 쓴맛을 증가시킨다.

산도가 7.0 이하이거나 알칼리도가 7.0을 넘는다. 순수한 물은 pH 지수가 7.0이다. 화학적으로 중성이며, 산으로나 염기로 작용하지 않는다. 물의 pH지수가 7.0 이하이면 수소 이온이 많다는 것을 나타내며, 이 수용액은 신맛이 난다.

물은 신선하고 냄새가 없어야 하며 미네랄이 30~200ppm이 함유되어 있으며, 탄산가스가 적당히 있고 염소가 없어야 한다. 수온은 14℃ 전후가 좋고 한국의 지하수는 연수이고, 유럽이나 미국은 경수이다. 커피를 내릴 때는 약경수가 커피맛이 가장 좋고 국내에는 경수, 연수, 중간수, 초경수 등이 있다.

물의 온도가 높을수록 커피맛이 강해지고, 물의 온도가 낮을수록 가용성 성분이 추출되어 커피맛이 약해진다. 약로스팅은 높은 온도의 물을 이용하고 강로스팅은 물의 온도를 낮춰주어야 한다. 물은 100℃까지 끓여 추출하기 좋은 온도로 맞추어 식혀서 사용한다. 이산화탄소가 남아 있는 물을 사용하고, 한번 끓인 물은 다시 사용하지 않는다.

연수(Soft water)는 미네랄 함량이 0~75ppm이고, 국내 시판생수 대부분은 연수이다. 미네랄 성분이 적어 커피의 맛에 영향을 미치지 않는다. 중경수(Middle water)는 미네랄이 적절하게 함유된 경수로 신맛, 쓴맛이 중간정도의 맛이다.

약경수는 미네랄이 75~150ppm, 초경수(Hard water)는 외국의 미네랄워터가 포함되는데 쓴맛이 강하고 자극적인 맛을 원할 때 이용한다. 수돗물을 사용할 때는 충분히 끓여서 사용하면 된다. 서울시에서 사용하는 아리수의 경우 칼슘 8~26, 나트륨 2~14, 마그네슘 1~16, 칼륨 1~14ppm이 포함되어 있다.

설탕(Sugar)

열대지방에서 자라는 사탕수수와 온대지방에서 자라는 사탕무에서 원당을 녹여 정제와 여과과정을 반복해 결정을 만든다. 설탕의 종류는 커피슈거, 백설탕, 황설탕, 흑설탕, 각설탕 등이 있다.

우유(Milk)

우유가 식품으로 이용하기 시작한 것은 BC 4000년경으로 추측되며, 우리나라는 주몽이 말의 젖을 먹고 자랐다는 설화가 있다. 우유의 성분은 카제인(Casein, 80%), 유청단백질(Whey protein, 17%)으로 구성되었으며, 위장 속의 Lactase(유당을 분해하는 효소)는 어린 시절에는 거의 대부분이 분비되나, 성인이 되면 분비가 되지 않는 사람이 소화 불량이 된다. 원유(Raw milk)의 지방분을 2%이하로 조정하는 것을 저지방 우유라고 하며 많이 이용되고 있다.

크림(Cream)

크림에는 액상크림, 생크림, 분말크림, 연유 등이 있으며 커피의 강한 맛과 신맛을 부드럽게 해주는 역할을 한다.

커피 시럽(Coffee syrup)

커피에서 분리한 향을 농축하여 당밀에 첨가한 시럽이다. 커피를 마실 때 시럽을 넣어 풍미를 더해주기도 하고, 우유나 아이스크림에 넣어 커피 맛 우유나 아이스크림을 만들기도 한다.

캐러멜 시럽과 설탕 시럽

2

커피 테이스팅(Tasting)

전 세계로부터 온 각기 다른 종류의 커피들은 마시는 사람에게 넓은 범위의 맛과 스타일을 선택하게 한다. 많은 종류의 커피는 커피 입문자에서 미식가에 이르기까지 극도로 혼돈스럽게 하고 있다. 또한 같은 커피원두라 하여도 로스팅 방법, 로스팅의 정도, 로스팅 후 커피의 보관, 커피의 추출 방법 등 여러 가지 요인들에 의해 추출된 커피의 맛은 크게 달라질 수 있다.

일반인들이 커피 맛을 제대로 느끼고, 비교 표현하기란 쉽지 않은 일이다. 그러나 많은 종류의 커피를 경험해 보는 것이 좋을 듯하다. 커피 맛을 보는 전문적인 용어가 '커핑(Cupping)' 혹은 '컵테이스팅(Cup-test)'이라고 하며, 관능검사하는 사람을 '커퍼(Cupper)'라고 부른다.

커피의 향미

커피의 향미는 후각, 미각, 촉각으로 나누어 관능평가를 한다. 후각(Olfactory)은 생성원인에 따라 향기를 나누고 효소반응, 갈변반응, 건열반응에 의해 향이 생성되고 분쇄된 커피, 추출된 커피, 마시면서 커피 향기가 느껴진다.

 이러한 향들은 커피를 로스팅하는 과정 중에 생성되는 향으로, 당이 캐러멜화되면서 형성되는 향이다. 라이트 로스팅은 견과류(Nutty)향, 미디엄 로스팅은 캐러멜(Caramelly)향, 다크 로스팅은 초콜릿(Chocolaty)향이 난다.

 미각은 단맛(Sweet), 신맛(Sour), 짠맛(Salt), 쓴맛(Bitter)의 네 가지 기본맛에 커피의 풍미(Flavor), 촉각(Mouth feel)을 포함해서 느껴진다.

 미각 검사는 혀 표면에서 미(맛) 용액의 농도에 따른 미각의 역치(Threshold)를 구하는 검사이다. 역치는 개인의 성별 연령, 환경, 식품의 온도에 따라 변한다.

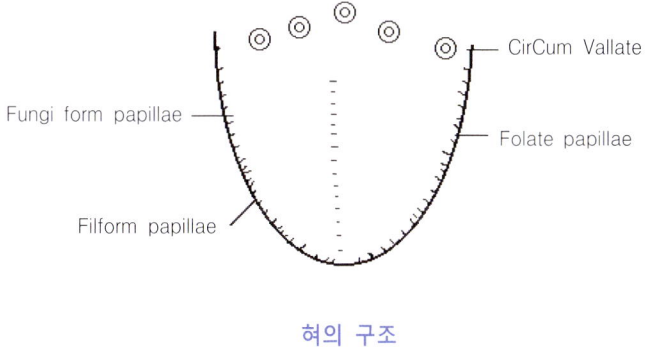

혀의 구조

 미각은 혀의 표면에서 느껴지는 감각과 맛을 인식하는 기구를 의미한다. 미각은 수용액상태에서 혀의 미각 세포가 모여 형성된 미각 수용기의 일부분과 접촉하여 화학적인 자극을 일으키게 된다. 여기에서 일어나는 화학적 변화에 의해서 주변에 전위차가 생기는데, 이것은 수용기 전위차(Receptor potential)로 알려져 있다.

이 전위차는 어떤 수준에 도달하게 되면, 미뢰(Taste buds)에 연결된 미각신경 섬유에 신경 신호를 유발하며, 이 신호는 여러 과정을 거쳐서 뇌에 전달되고 뇌에서 어떤 맛으로 인식되는 것으로 알려져 있다.

미각을 일으키는 화학물질을 정미성분이라고 하는데, 이 성분은 물이나 침에 녹아 비로소 맛을 나타낸다.

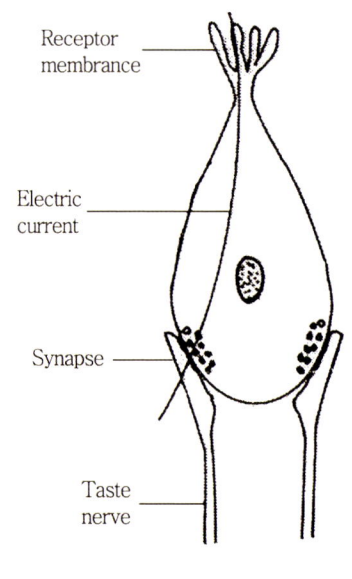

맛의 인식 과정

맛의 발현 기구가 명맥하게 밝혀지지 않았기 때문에 그 민감도(Sensitivity)를 수량적으로 표현할 수 없으나, 정미 성분이 확실히 느껴지는 최저농도를 그 성분의 역치(Threshold value)라고 한다. 이 역치는 맛의 종류와 남녀의 성별에 따라 차이가 있다.

맛의 종류는 복잡 다양하며 과학적으로 해명하고 분류하기는 매우 곤란할 수 있지만 옛날부터 동양에서 노자는 5미, 불교에서는 6미가 있다고 했다. 기본적으로 단맛, 짠맛, 신맛, 쓴맛이 Henning의 4원미이고 맛에 대한 연령별 차이는 단맛, 신맛, 쓴맛은 연령에 따라 감수성이 감소하고 짠맛에는 별 차이가 없다. 기타 매운맛, 떫은맛, 구수한 맛, 아린 맛, 금속 맛, 교질미가 있으며 기본적인 맛이 서로 결합해 여러 가지 맛을 형성할 수 있다.

그러나 20세기에 들어서는 여러 학자들의 맛의 분류방식은 점차로 네 가지로 기본적인 맛, 즉 단맛(Sweet), 신맛(Sour), 짠맛(Salty), 쓴맛(Bitter)의 네 가지로 통일되어 왔다.

예로서, 헤닝(Henning)는 네 가지 기본적인 맛과 관계를 표시하여 주는 미각 프리즘(Taste prism)을 제안하고 있다.

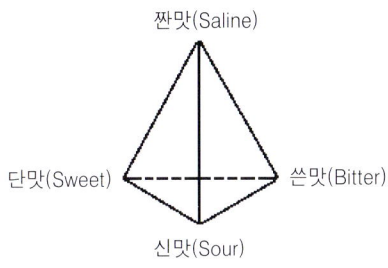

맛의 정사면체

기본적인 네 개의 맛은 현재에서 있어서는 기본적인 맛(Basic taste)으로서 전술한 대로 단맛, 신맛, 쓴맛, 짠맛이 일반적으로 인정되고 있으며, 기타의 맛은 이상의 네 가지 맛이 여러 가지의 결합(Combination)의 결과 형성된 것으로 믿어지고 있다.

그러나 여기서 유의해야 할 점은 최근의 전기 생리학적 연구의 결과 얻어진 자료(Electrophysiological date) 사이에는 우리들이 구분하고 있듯이 네 개의 맛을 나타내는 그룹으로 뚜렷이 구별되어 있는 것은 아니며, 또 뇌에서 받는 신경신호(Nerve impulse)가 반드시 네 가지의 맛 중의 하나만을 인식하게 한다는 실험적 증거도 전혀 없다는 사실이다.

즉, 네 가지의 기본적인 맛은 오랜 경험으로 일반적으로 인정되어 왔으며, 또 실제 식품의 맛을 설명하는데 매우 유용하게 사용되고 있으나, 어떤 과학적 방법에 의해서 확립된 것은 아니다. 맛의 종류는 다양하나 단맛(Sweet), 신맛(Sour), 짠맛(Saline, salty), 쓴맛(Bitter)을 네 가지 기본 맛(Four basic taste)이라고 하며, 이 외에도 감칠맛, 매운맛, 떫은맛, 아린 맛, 알칼리 맛, 금속 맛 등이 있으며 나라 또는 지역에 따라서 다소 차이가 있다. 혀에서 네 가지 종류의 수용체 위치상의 분포에 따라 민감도를 느끼는 위치가 다른데 단맛은 혀끝에서, 쓴맛은 뒤에서, 짠맛은 양쪽 앞의 가장자리에서, 신맛은 뒤쪽 가장자리에서 느껴진다.

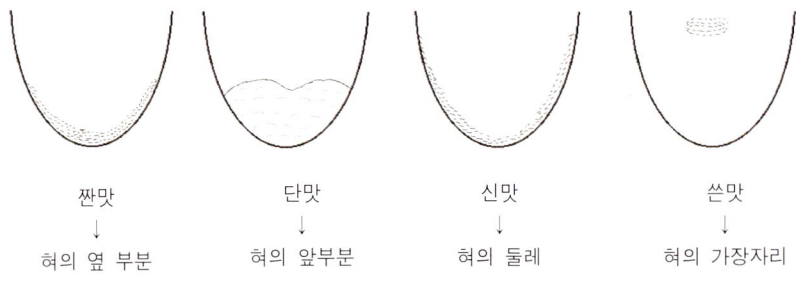

부위별 맛을 느끼는 부분

맛을 가장 잘 느낄 수 있는 온도는 다음과 같다.
- 쓴맛 : 40~50℃
- 단맛 : 20~50℃
- 짠맛 : 30~40℃
- 신맛 : 25~50℃
- 매운맛 : 50~60℃

커핑(Cupping)

커핑은 커피콩의 향(Fragrance), 추출된 커피의 향(Aroma), 맛, 냄새, 뒷맛, 그리고 밀도(Body)의 평가로 이루어진다.

커핑을 할 때에는 적어도 둘 이상의 커피콩 표본을 가지고 비교하면서 하는 것이 일반적이다. 그래야 맛과 향의 일관성이나 유사성을 판단할 수 있기 때문이다.

원두는 약배전한 후 다소 굵게 갈아 뜨거운 물로 추출하여 원두 자체와 향미를 평가한다. 부득이한 경우는 내과피(Parchment)가 제거되지 않은 원두의 냄새를 맡아 대략적인 향미평가를 하기도 한다.

커퍼 2명 이상에 의해 행해지며 일반적인 것보다 과장된 동작(냄새 맡기, 소리 내어 마시기, 꿀꺽 삼키기 등)은 되도록 많은 말초신경을 자극하여 미각과 후각을 극대화하기 위해서다.

특히 냄새를 맡을 때는 킁킁 들이쉬면서 여러 번 반복하며 맡아야 한다. 최대한 코를 커피에 가까이 갖다 대고 냄새를 맡아야 한다. 이러한 커피의 맛과 개성을 알아보고 품질을 측정하는 사람을 커퍼(Cupper 혹은 Taster)라고 한다.

우리의 후각은 냄새에 2~4초의 노출 시간이 경과하면 감퇴하기 때문이다.

커핑 준비사항

커핑 컵, 여분 컵, 주전자, 그라인더, 물, 온도계, 커핑 스푼, 커핑 평가지

커핑 방법

① 향기 평가하기　　② 맛 평가하기　　③ 삼켜서 평가하기

장소의 환경

관능검사실은 조용하고 냄새가 없는 독립적인 공간이어야 하며, 검사 도중에는 출입이 통제되어야 한다. 국제표준화기구에서 정한 바로는 커피콩을 수출할 때 전량의 10%에서 표준대로 발췌한 300g의 견본을 거래처에 3개씩 보내 평가해야 한다.

감별절차

① 커핑을 하기 전에 깨끗한 물로 입안을 헹군 다음 실시한다.
② 커핑의 방법은 여러 가지 커피 추출기구와 잔, 스푼과 찬물이 담긴 여러 개의 컵을 준비한 다음 유리컵과 커피 잔에 커피를 조금씩 따른다.
③ 스푼으로 커피를 떠서 입안에 머금어 입안 구석구석까지 커피가 미치도록 하여 맛을 느껴본 후, 마지막으로 커피를 삼키고 지속되는 맛을 느낀다. 바디가 무거울수록 여운의 정도가 길다.
④ 정리하여 각각의 커피가 지닌 고유의 특성들을 파악하고 시음성 적표를 작성하고, 다시 찬물로 입안을 헹군 후 같은 방법으로 다른 커피를 테스팅한다.

감각적 평가

맛과 향의 평가라는 것이 본래 상당한 주관성이 개입된 것이므로 같은 커피를 놓고 개개인의 각기 다른 평가에 대하여 쉽게 말하는 것도 곤란하다. 이러한 문제들을 가능한 해소하기 위하여 오랜 세월에 걸쳐 전문가들의 의해 나름대로 통일된 용어들이 정립되어 왔다.

시각적인 측면은 색, 농도, 거품, 후각적인 측면은 분쇄커피향, 추출된 커피향, 마셨을 때 입속에서 느껴지는 커피향, 미각적인 측면은 단맛,

관능검사

신맛, 쓴맛, 짠맛, 촉각적인 면은 바디감(Body), 중후한 느낌으로 표현한다. 가장 좋은 품질은 입안에서의 농후감(Body), 산미(Acidity) 향(Flovor)이 잘 조화된 커피이다.

커피의 기준 중에 가장 많이 통용되는 방법으로 미국스페셜티커피협회(SCAA)평가, 9개국 산지에서 개최하는 컵 오브 엑셀런스(COE) 평가가 있다.

SCAA 커핑

미국스페셜티커피협회(Specialty Coffee Association of America)는 전 세계 40여 개국의 커피업체, 교육기관이 멤버로 가입되어 있다.

• 채점

평가가 끝나면 모든 평점을 합산하고 Total Score를 상단부란에 기입하는데, Final Score는 Defects 점수를 뺀 것이다.

	표현	구분
95-100	Exemplary	Super Premium Specialty
90-94	Outstanding	Premium Specialty
85-89	Excellent	Specialty
80-84	Very Good	Premium
75-79	Good	Usual good Quality
70-74	Fair	Average Quality
60-70		Exchange Grade
50-60		Commercial
40-50		Below Grade
40미만		Off Grade

COE 커핑

볼리비아, 브라질, 콜롬비아, 코스타리카, 엘살바도르, 과테말라, 온두라스, 니카라과, 르완다에서 최고의 커피를 찾기 위해 매년 열리는 대회로 처음에는 국제비정부기구(NGO)단체에서 커피 농부들이 정당한 땀의 대가를 받을 수 있도록 하자는 취지에서 시작되었다.

• 유의사항
- 로스팅 정도는 일정한 것을 준비한다.
- 커핑 전 자극적인 음식을 먹지 않는다.
- 평가 시 서로 의견을 교환하지 않는다.
- 여러 사람이 동시에 커핑을 하면 오차를 줄일 수 있다.
- 중간 중간 스푼을 자주 헹구어 사용한다.

맛을 나타내는 용어

용어	특성
맛의 강도 (Taste strength)	• 맛이 강하고 약한 정도
전체적인 맛 (Overall taste)	• 맛이 좋고 나쁜지에 대한 전반적인 느낌
중후함 (Body)	• 입안 가득히 느껴지는 감촉이며, 진하다, 연하다, 중후하다 등으로 표현한다.
상큼한 신맛 (Acidity)	• 사과에서 느껴지는 상쾌한 신맛에 비교되기도 한다. • 주로 고급 아라비카 커피의 대표적인 맛으로 평가 • 약한 로스팅, 저급 생두의 텁텁하고 시큼한 맛 등과는 구별
달콤한 맛 (Mellow)	• 신맛이 없으면서 부드러운 맛 • 하와이코나, 만델링, 파푸아뉴기니종, 아라비카종, 블루마운틴, 모카에서 나는 맛

용어	특성
감칠맛 (Umami)	• 모카, 온두라스종 커피콩에서 나오는 은은하고 깊은 맛
쓴 맛 (Bitter)	• 커피의 기본적인 맛은 쓴맛이 강·약과 질에 있다고 할 수 있다. • 로스팅이 강할수록 쓴맛이 강조, 로부스타종 커피콩이 지닌 맛
떫은 맛 (Astrigent)	• 혀에서 느껴지는 날카로우면서도 소금기가 있는 듯한 메마른 느낌을 표현 • 오래 추출한 커피에서 나는 맛
뒷맛 (After taste)	• 커피를 마신 후에 입안에서 지속되는 커피의 맛 • 에스프레소 커피를 마신 후 한참 동안 입안에서 맴도는 커피의 맛
거친맛 (Harshy)	• 거칠고 조화롭지 못한 맛으로 Rioy라고도 한다. (Rioy : 브라질의 커피 품질이 좋지 못했던 시절, 브라질의 Rio De Janeiro 시의 이름을 따서 "리오 커피 같은 맛"이라는 용어를 사용하였으며 사전에는 없는 커피용어이다.)
부드러운 맛 (Mild)	• 쓴맛, 신맛, 단맛, 향미 등 전체적인 커피의 느낌이 부드럽고 조화를 이룬 맛
중성적인 맛 (Neutral)	• 브라질 커피를 이야기할 때 쓰는 표현 • 강한 맛과 향의 커피와 혼합되었을 때 그 맛과 향을 부드럽게 해주어서 블랜드 커피에 필요한 베이스커피의 맛으로 평가
향기의 강도 (Aroma intensity)	• 농도와 풍부함에 대한 복합적인 느낌
전체적 향기 (Overall aroma)	• 향이 좋고 나쁜지에 대한 전체적인 느낌 • 향기(Fragrance), 아로마(Aroma), 플레버(Flavor), 후미(Aftertaste)의 총괄적 개념
꽃향기 (Floral)	• 모카, 탄자니아종 커피콩에서 나는 향기

용어	특성
와인 향기 (Winy)	• 모카, 탄자니아종 커피콩에서 나는 향기
고소한 향기 (Nutty)	• 커피를 삼킬 때 주로 느껴지는 고소한 향미로, 땅콩 같은 볶은 견과류에서 느껴지는 냄새
풋내 (Grassy)	• 오래 묵은 생두, 통풍이 잘 안 되는 곳에서 장기간 보관되었던 생두, 또는 옅은 로스팅의 경우에 나타난다. • 덜 익거나 덜 볶은 커피콩에서 나는 냄새
곡류 냄새 (Cereal)	• 로부스타종에서 나는 특유의 냄새
캐러멜 냄새 (Caramel)	• 중간 정도의 로스팅과정에서 생성되는 버터사탕, 설탕시럽, 꿀과 같은 종류의 냄새를 표현
흙내 (Earthy)	• 품질이 나쁜 로부스타종에서 나는 냄새
발효취 (Rioy)	• 발효한 브라질종 커피콩에서 나는 냄새
산패취 (Stale)	• 볶은 커피콩이 산화하여 나는 복합적인 냄새
향신료 냄새 (Spicy)	• 강한 로스팅에서 주로 나타나는 강하고도 자극적인 맛으로 카페, 생강, 후추, 쓴 아몬드 맛 등이 있다
송진 냄새 (Turpeny)	• 강한 로스팅에서 생성되며 송진과 비슷한 냄새를 표현
묵은 냄새 (Musty)	• 적절치 못한 생두 보관, 건조, 묵은 생두의 로스팅으로 인한 묵은 냄새로 곰팡이 비슷한 냄새의 표현

3

다양한 커피 메뉴(여러 가지 커피 만드는 방법)

에스프레소

재 료

에스프레소 커피 추출액 1컵, 설탕, 레몬 껍질

만들기

01. 에스프레소용 원두 7g을 포터필터에 담는다.
02. 탬핑한다.
03. 그룹헤드에 장착한다.
04. 약 30ml의 원액을 에스프레소 잔에 추출한다.
05. 취향에 따라 설탕을 넣어 마신다.

아메리카노

재 료

뜨거운 물 180ml, 에스프레소 30ml

만들기

01. 잔에 뜨거운 물 180ml를 넣는다.
02. 에스프레소 원액 30ml를 넣는다.

카푸치노

재 료

에스프레소 커피 추출액 1컵, 우유 1/3컵, 계피가루 1/4작은술, 휘핑크림, 계피 스틱

만들기

01. 에스프레소용 원두 7g을 포터필터에 담는다.

02. 탬핑한다.

03. 그룹헤드에 장착한다.

04. 약 30ml의 원액을 잔에 추출한다.

05. 스팀밀크를 부으면서 모양을 낸다.

06. 휘핑크림을 얹고 계피가루를 뿌린다.

카페라떼

재 료

에스프레소 30ml, 스팀밀크 180ml

만들기

01. 잔에 에스프레소 원액 30ml을 넣는다.
02. 스팀밀크 180ml을 넣으면서 모양을 낸다.

카페모카

재 료

기라델리 초콜릿 소스 1+1/2펌프, 에스프레소 30ml, 스팀밀크 180ml, 생크림, 초콜릿 소스

만들기

01. 잔에 기라델리 초콜릿 소스(1+1/2펌프)를 넣는다.

02. 에스프레소 원액 30ml를 넣고 저어준다.

03. 스팀밀크 180ml를 넣는다.

04. 생크림을 적당량 올리고, 초콜릿 소스로 토핑한다.

카페오레

재 료

커피 추출액 1/2컵, 우유 1/2컵

만들기

01. 손잡이가 달린 냄비에 우유를 끓기 직전까지 데우면서 스푼으로 저으면 거품이 생긴다.

02. 에스프레소 원액과 우유를 1 : 1의 비율로 컵에 붓는다.

03. 취향에 따라 설탕을 넣어도 좋다.

카라멜 마끼아또

재 료

오스카 캐러멜 시럽 1+1/2펌프, 에스프레소 30ml, 스팀밀크 180ml, 기라델리 캐러멜 소스

만들기

01. 잔에 오스카 캐러멜 시럽 1+1/2 펌프를 넣는다.

02. 에스프레소 30ml를 넣고 용해시킨다.

03. 스팀밀크 180ml를 넣고 저어준다.

04. 기라델리 캐러멜 소스로 토핑한다.

아이리시커피

재 료

커피 추출액 1컵, 아이리시 크림(리큐르) 2작은 술, 설탕 1작은 술, 위스키, 휘핑크림

만들기

01. 손잡이가 달린 유리잔에 위스키를 부어 불을 붙인 뒤 다른 유리잔으로 옮기면서 알코올을 증발시킨다.
02. 어느 정도 지난 다음 불을 끄고 초콜릿 맛이 나는 리큐르(아이스크림)와 설탕을 넣는다.
03. 에스프레소 커피 추출액을 붓고 휘핑크림을 올려서 낸다.

깔루아

재 료

에스프레소 추출액 30ml, 깔루아 10ml, 설탕, 휘핑크림 적당량

만들기

01. 글라스에 설탕과 깔루아 그리고 에스프레소 추출액을 차례대로 넣은 후 잘 혼합한다.
02. 1에 휘핑크림을 띄워 마신다.

에스프레소 콘 파냐

재 료

에스프레소 원두 14g, 생크림 40g, 설탕

만들기

01. 에스프레소 원두 잔당 7g을 그라인더에 갈면서 포터필터에 담는다.
02. 탬핑한다.
03. 그룹헤드에 장착한다.
04. 약 30ml의 원액을 에스프레소 잔에 추출한다.
05. 생크림을 살짝 얹는다.
06. 설탕, 찬물과 함께 서브한다.

에스프레소 마끼아또

재 료

에스프레소 원두 14g, 스팀밀크, 설탕

만들기

01. 에스프레소 원두 14g(잔당 7g)을 포터필터에 담는다.
02. 탬핑한다.
03. 그룹헤드에 장착한다.
04. 약 30ml의 원액을 에스프레소 잔에 추출한다.
05. 스팀밀크를 살짝 얹는다.
06. 설탕, 찬물과 함께 서브한다.

아이스 카페라떼

재 료

얼음 8개, 찬 우유 180ml, 에스프레소 30ml

만들기

01. 잔에 얼음 8개를 넣는다.

02. 찬 우유 180ml를 넣는다.

03. 에스프레소 원액 30ml를 넣는다.

커피 밀크쉐이크

재 료

아이스커피 원액 80ml, 우유 40ml, 생크림 2큰 술, 시럽 20ml, 휘핑크림

만들기

01. 차가운 우유와 아이스커피 원액을 1 : 1의 비율로 섞어 시럽, 생크림과 함께 셰이커에 넣고 흔들거나 블랜더로 섞는다.
02. 미리 차갑게 한 컵의 가운데 부분을 초코 시럽으로 장식하고 음료를 붓는다.
03. 스트로우를 꽂아 낸다.

아포카토

재 료

바닐라아이스크림 150g, 에스프레소 30ml

만들기

01. 바닐라아이스크림을 작은 스쿠퍼로 떠서 컵에 보기 좋게 담는다.

02. 1에 에스프레소 원액을 뿌려 장식한다.

아이스 카페모카

재 료

기라델리 초콜릿 소스 30ml, 스팀밀크, 얼음 8개, 찬 우유 180ml, 생크림, 초콜릿 소스, 에스프레소 30ml

만들기

01. 잔에 기라델리 초콜릿 소스 30ml를 넣는다.

02. 얼음 8개를 넣는다.

03. 스팀밀크를 적당량 넣고 용해시킨다.

04. 에스프레소 30ml를 넣고 용해시킨다.

05. 찬 우유 180ml를 넣고 충분히 저어준다.

06. 생크림을 적당량 올린 후 초콜릿 소스로 토핑한다.

카라멜 카페모카

재 료

오스카 캐러멜 시럽 1펌프, 기라델리 초코 소스 1/2펌프, 에스프레소 30ml, 스팀밀크 180ml, 생크림, 기라델리 캐러멜 소스

만들기

01. 잔에 오스카 캐러멜 시럽 1펌프를 넣는다.
02. 기라델리 초코 소스를 1/2펌프 넣는다.
03. 에스프레소 30ml를 넣고 용해시키다.
04. 스팀밀크 180ml를 넣고 저어준다.
05. 생크림을 적당량 올리고 기라델리 캐러멜 소스로 토핑한다.

아이스 아메리카노

재료

차가운 물 180ml, 에스프레소 30ml, 얼음

만들기

01. 잔에 차가운 물 180ml와 얼음을 채운다.
02. 에스프레소 30ml를 넣는다.
03. 기호에 따라 시럽을 넣어준다.

커피시럽 만들기

냄비에 설탕 1컵, 물 1컵을 넣고 흔들지 말고 그대로 불 위에 올려 끓기 시작하면 불을 낮춰 졸여서 커피시럽으로 사용한다.

CHAPTER 6

다양한 차의 이해

1

차의 개요

차(茶)는 세계에서 가장 오랜 역사를 가지고 있는 세계적인 음료로서 커피, 코코아와 함께 세계 3대 기호음료로 알려져 있으며 단순한 음료가 아니고 생활문화와 전통을 상징하는 음료이다. 차는 중국에서 기원하였으며 기원설은 신농설, 현락설, 기파설, 달마설, 이아설 그리고 왕도설 등이 있다. 차의 명칭은 중국에서 다(茶), 가(檟), 설(蔎), 명(茗), 차(茶)로 변하였다. 원래 차의 명칭은 네덜란드의 명칭이 변형되어 정착되었다. 네덜란드어 Tree, 일본에서는 茶로 쓰고 Tsja로 읽고, 영국은 Tea, 독일은 Thee, 프랑스는 Thé로 쓴다.

특히 차는 머리와 눈을 맑게 하고 마음을 안정시켜주는 효능이 탁월하다. 차를 통해 바쁜 일상 속에서 휴식을 통한 정신과 신체적 안정을 제공하고 차는 인간에게 일석이조(一石二鳥)의 효과를 안겨준다. 동의보감(東醫寶鑑)에서 차는 '성품은 조금 차고 맛은 달고 쓰며 독을 잘 통하게 하며 사람으로 하여금 잠을 적게 해주고 또 불에 입은 화상을 해독시켜준다', 중약대사전에는 '차는 주독과 식중독을 푸는 효능이 있어 기분을 상쾌하게 하며 졸음도 없앤다', 본초습유에서 '백 가지 병에는 백 가지 약이 있지만 차는 만병통치약'이라고 되어 있다.

우리 조상들은 차의 이로움으로 문인들은 차 생활을 통해 차를 끓이며 잡념을 없애고 차를 끓여 마시는 과정과 차를 마시고 명상을 통하여 삼매에 들어가 자기의 본성을 깨닫는 것을 차선일미(茶禪一味)라고 하였다.

미국 시사주간지 「타임」 선정 세계 10대 건강식품에 차(茶)가 포함되어 있다. 차는 강력한 항산화물질인 폴리페놀을 다량함유, 동맥경화와 혈전예방, 위염발생률 저하, 치매예방과 치료에도 효과적이라고 한다.

보건복지부 통계에 따르면 2012년 국내 65세 이상 노인 574만 2천 명 중 치매환자는 52만 2천 명으로 9.1%를 차지한다. 치매 중 50% 이상이 알츠하이머병(Alzherimer's desease)의 1차 증상인 기억력 감퇴현상으로 콜린성 신경계와 관련이 있으며, 아세틸 콜린을 만들어 내는 신경세포에 차는 항콜린성 작용을 하여 치매환자의 기억회복과 기억감퇴 억제에 효과가 있다. 또한 차문화 치료프로그램을 통해 인지기능과 일상생활 수행능력 향상에 효과가 있으며, 우울 정도를 감소시킨다는 연구결과가 나왔다.

이밖에도 효과적 녹차의 주성분인 카데킨은 지방이 체내로 흡수되지 않고 그대로 배설되게 하여 체지방의 축적을 억제, 세포의 느린 대사를 활성화하여 축적된 지방을 소모시켜 비만방지와 다이어트에 효과적이다. 또한 차는 항산화 작용, 항균효과, 대장암 억제효과, 항암에도 효과가 있는 것으로 나타났다.

최근 수년간 우리나라 커피시장이 급격히 확대되면서 차시장 규모는 커피시장의 10분의 1 수준도 미치지 못하고 있다. 하지만 웰빙 문화를 선호하는 사람들을 중심으로 차를 즐기는 사람들이 많아지고 있지만 아직까지 자리를 못 잡고 있는 실정이다. 우리나라는 국산차 생산국가에 비해 차 생산량이 현저히 낮은 수준이고, 단위면적당 생엽 수확량이 적기 때문에 생산원가가 높으며 가격이 비싼 편이다. 국민 1인당 연간 차 소비량도 2009년 104g으로 최대 소비국인 영국의 2.6kg에 비해 4% 정도밖에 되지 않는다.

농축산식품부에서 발표한 특용작물 주요 통계에 따르면 차의 생산액은 2009년 14억 원, 2010년 154억 원, 2011년 211억 원, 2012년 371억 원, 2013년 405억 원으로 5년 사이에 약 2.9배 성장했고, 차 수입량은 2011년 8.6백만 불, 2012년 13.7백만 불, 2013년 16.7백만 불로 3년 사이에 약 1.9배 성장하였다(농림축산식품 주요 통계, 2014 : 관세청 2015/5).

그리고 세계 최대 커피전문점인 스타벅스가 티회사인 티바나를 6억 2천만 달러에 인수하고(한국경제), 독일의 로내펠트(Ronne feldt), 싱가폴의 TWG와 같은 세계적인 티브랜드가 국내에 티하우스를 런칭하고, 국내 브랜드인 오설록 티하우스가 차를 이용한 메뉴개발과 더불어 차 대중화에 앞장서고 있다(농림축산식품부, 2014, 내일신문 2014).

또한 차는 중국에서 기원하여 인간의 교류와 물품의 교역과 함께 점차 주변국가들로 전파되었다. 실크로드는 차가 전파되는 주요 통로였다. 실크로드는 서역 국가들과의 무역뿐만 아니라 민간인 구법승 그리고 사신들의 잦은 왕래를 통해 동서교류를 촉진시킨 통로였다. 실크로드를 통해 교역이 이루어진 품목들 중에는 차뿐만 아니라 찻잔과 다호 등 도자기류와 비단, 칠기, 약재 등도 포함되어 있었다.

중국에서 차가 처음 음용되기 시작한 것은 파축지방의 소수민족에 의해 의해서였다. 진대에는 한족들이 처음 차 문화를 접하게 되었다. 실크로드 무역이 활성화되면서 차는 서아시아 국가들을 비롯하여 주변 여러 국가들로 전파되었다. 수당 이후 서쪽 변경과 지속적으로 진행되었던 무역과 교역이 당대부터 차마무역(茶馬貿易)으로 발전하였다. 이 시기에 등장한 차마고도(茶馬古道)는 비단길보다 앞선 세계 역사상 가장 오래된 무역의 통로였다.

중국의 차는 송(宋)대에 이르러 아라비아, 이탈리아, 인도 그리고 일본 등과의 무역에서 중요 품목이었다. 중국에서 일본으로 차가 건너간 시기는 나라시대였으며, 그 역할은 견당사들이 담당하였다. 일본의 차문화는 선사상의 유입과 함께 가마쿠라시기에 대중화되었다. 이후 일본으로 건너온 차문화는 유럽으로 전파되었다. 일본 차문화가 전파된 시기는 1610년경 일본 나가사키현에서 무역을 하던 네덜란드인이 처음으로 유럽에 차문화를 소개하면서부터 알려졌다.

16세기에 포르투갈 선박을 통해 사치스럽고 이국적인 차가 처음 유럽에 들어오고 18세기에 차, 커피, 초콜릿 같은 음료의 소비가 늘어나 우아한 자기잔으로 정제된 음료를 마시는 것이 귀족이나 상류층에게 필수적인 일이 되었다. 포르투갈은 마카오를 거점으로 인도의 고아(Goa), 포르투갈 리스본을 연결하여 차와 도자기를 유럽에 소개하는 가교역할을 하였다. 포르투갈은 향신료 사업은 추진하지만 다업(茶業)에는 관심을 보이지 않았다. 포르투갈 왕실의 차문화를 영국 궁중에 전하여 약이 아닌 기호음료로 차를 마시는 습관이 형성되고, 이는 영국을 비롯한 유럽의 기호음료로서 차가 대중화되는 시발점을 마련하였다.

차의 개념

차(茶)라고 하는 것은 식사 후나 여가에 즐겨 마시는 기호음료를 말한다. 그러나 요즘은 우리가 끓여 마시는 것을 모두 차라고 하고(보리차, 모과차, 생강차 등), 심지어 커피, 주스를 차로 알고 있다. 엄밀히 말하자면 차나무의 순(筍)이나 잎을 재료로 하여 만든 것만을 차라고 할 수 있다.

- 전통 차(Tea) : 차나무의 순이나 잎을 재료로 해서 만든 차
- 대용 차 : 다른 식물(차나무가 아닌)을 원료로 해서 만든 차

즉, 찻잎을 제외한 다양한 식물의 꽃, 나무껍질, 열매, 잎, 뿌리를 이용해서 만든 음료를 대용차(Infusion Tea)라고 말한다. 우리나라에서는 거의 모든 음료를 차라고 하지만, 다른 나라에서는 'Tea'라는 용어는 카멜리아 시넨시스를 말한다.

차의 역사

차는 그 탁월한 색, 향, 맛과 효능으로 인해 이미 오래 전부터 세계인의 음료로 사랑받고 있다. 유럽에 차가 전해진 것은 16세기의 일이지만 동양에서는 BC 3,000년경부터 차를 마셔왔으며, 차 생활을 중심으로 동양 특유의 문화가 피어났다. 따라서 동양문화는 차를 이해하지 못하면 제대로 접근하기 어려운 특징을 가지고 있다. 또한 유럽이나 미국에서는 발효차인 홍차가 주종을 이루고 있으나, 동양에서는 불 발효차인 녹차를 즐긴다.

한국·중국·일본으로 대표되는 동아시아 3국의 차문화가 나름대로 특징을 보인다. 중국에서는 향을, 일본에서는 색을, 한국에서는 맛과 멋을 중시하는 경향이었다.

차의 기원은 고대 중국 설화 중 농사의 신인 신농씨로부터 시작된다. 신농씨가 온 세상의 모든 식물의 맛을 보다 독초에 의해 중독이 되었는데, 어느 날 문득 차 잎을 먹고 난 다음 독에 제거된 것을 확인하고 이를 인간에게 널리 마시게 한데부터이다.

특히 한국은, 예로부터 금수강산이라 하여 삼천리 방방곡곡에 맑은 물이 넘쳐나서 "좋은 물이 있어야 좋은 차를 우린다"는 옛 가르침의 실천 현장이었으며, 여기에 검소하고 우아한 모습으로 정성을 다하는 것을 일상화함으로써 자칫 거칠어지기 쉬운 행동과 심성을 순화하고, 나아가 윗사람 공경하는 예절이며 이웃과 화목하는 근본으로 삼았다.

한국의 기후와 토양에서 자란 인삼이 세계 어느 나라 인삼보다 우수하고, 차 역시 한국의 야생차가 세계 어느 나라에서 생산된 차보다 뛰어난 맛과 효능을 가지고 있어 한국의 차문화는 오천년 역사의 중심이요 바탕이었다.

차의 유형

산화과정에 따른 기본차의 다섯 가지 유형

① **백차(White tea)**
솜털이 있는 어린 차 싹을 그대로 건조시킨 차
ex) 백호은침(白毫銀針), 백모단(白牡丹), 수미(壽眉)

② **녹차(Green tea)**
채취한 잎을 열을 가하여 산화효소의 작용을 억제시킨 후 가공하여 만든 차

③ **청차(Oolong tea)**
찻잎의 세포막을 파괴하고 발효과정 중에 산화를 중지시킨 차
ex) 철관음(鐵觀音), 봉황단총

④ **홍차(Black tea)**
80%이상 발효된 차로 산화를 완전히 시켜 만든 차
ex) 기문홍차, 정산소종

홍차의 네 등급

⑤ **흑차(Dark tea)**

녹차를 후발효시켜 만든 차. 녹차를 압력을 가해 덩어리로 만드는 과정 중에 만든 차

산화(Oxidation)

찻잎에 들어있는 폴리페놀 성분 등에 산화효소가 작용하여 일어나는 화학적인 변화를 산화라고 한다.

차의 종류

차는 가공 방법이나 모양, 잎을 따는 시기 등에 따라 그 이름과 맛이 달라진다.

차의 모양에 따른 종류

차의 모양	종류
덩이차(단차)	떡차, 보이차, 벽돌차
잎차	엽차
섞은 차(혼합차)	자스민차, 현미차
가루차	말차

찻잎을 따는 시기에 따른 종류

시기	종류
봄 차	맏물 차(양력 4월 하순~5월 상순) 두물 차(양력 5월 하순~6월 상순)
여름 차	세물 차(양력 6월 하순~7월)
가을 차	끝물 차(처서~백로)

홍차

홍차 잎 속에는 폴리페놀, 카페인, 데아닌, 단백질, 지방질, 당질, 섬유소, 비타민 A, B_1, C, 무기질 등이 있다. 홍차의 성분 중 폴리페놀은 항암작용, 항산화 작용을 하며 혈중 콜레스테롤 저하작용을 한다. 보통의 비타민 C가 열에 약한데 반해 차에 포함된 것은 열에 약하지 않아 물에 우려도 쉽게 파괴되지 않는다.

녹차

불발효차로서 차의 새싹을 찌거나 덖어서 열을 가하고, 이로 인하여 산화 효소를 파괴하여 찻잎의 발효를 억제하여 만든 차이다.

산화를 억제하여 엽록소의 분해를 막아서 녹색의 유지가 가능하다. 찌거나 덖어서 열을 가하고 멍석에서 손을 비틀고 비비며 말리는데, 이렇게 하여 찻잎의 세포를 파괴하고 즙액이 세포 밖으로 쉽게 나와 건조와 성분의 변화를 막고 더운물에 차의 성분이 빨리 우러나도록 한다.

녹차

녹차는 주로 온대지방에서 많이 생산되며 중국, 대만, 일본에 생산이 집중되어 있다. 녹차의 제조에는 효소의 활성을 막기 위해 가열 과정을 거치게 되어 있는데, 주로 일본에서 많이 이용되는 증기를 사용하는 방법과 중국과 대만에서 많이 이용되는 용기에 넣고 가열하는 두 방법이 널리 행하여져 오고 있다. 두 가지 방법의 차이는 맛과 향에서 약간 차이가 나며 성분에서는 차이가 거의 없다.

① **전차**

찻잎의 효소를 증기로 쪄서 파괴하여 만든 차로, 광범위하게는 옥로와 번차도 포함이 된다. 일반적으로 차잎을 가리지 않고 5월에 따는 햇차와 6월에 따는 두물차를 찐 다음 비벼서 말린다. 일본의 녹차 대부분은 전차가 차지한다.

공장에서는 차의 새싹을 곧 증기로 쪄서 효소를 불활화시키고 열풍으로 건조하며 비빔날개와 교반기를 이용하여 손으로 비비는 효과를 내고 있다.

수분 5%정도까지 건조한다. 우려낸 차는 담황색을 보이며 부드러운 향기를 가진다. 공정에서 나오는 줄기를 모아 줄기차를 만들기도 한다. 이 줄기 차는 줄기에만 있는 독특한 향이 있다.

② **번차**

전차의 가공 공정에서 남은 잎이나 부스러기, 줄기, 가루, 싹 등을 모아서 만든 것이다. 원래는 성숙하여서 질겨진 잎으로 제조하였으나, 현재는 이것은 적고 전차의 공정 마무리 단계에서 수집되어 만들어진다. 재료를 충분히 찐 다음 강한 불에 말려서 제조한다. 햇차에서 나온 부스러기로 만든 것만 모아 고급 번차를 만들기도 한다. 전차보다 물에 우러나는 차의 유효성분이 적어 열로 향기를 붙여 주로 가볍게 즐기는 차로 이용된다.

③ 배차

번차와 질이 떨어지는 전차를 고온처리하여 강한 향을 유도한 차로 2차 가공 차이다. 향은 강한 배초향을 내며 갈색을 띠고 있고 맛도 가볍다. 섭씨 약 170도 정도에서 열처리를 하며 온도가 낮을 경우에는 특유의 향이 생기지 않는다.

④ 옥로차

찻잎이 나올 무렵에 차나무에 그늘을 만들어 싹이 햇볕을 덜 받게 재배하여 만든 차이다. 일본에서 개발되어 많이 생산되었으며, 우리나라에서도 최근에 생산이 되기 시작했다. 햇볕의 감소로 각종 대사가 원활하지 못해 차잎에 아미노산이 증가되고 폴리페놀이 감소되어 일반 차와는 다른 성질을 가지고 있다. 차액은 묽은 황색을 띠며 양질의 옥로차는 백탁을 일으키기도 한다. 감칠맛이 강한 맛과 향을 지니고 있으며 고급차이다.

⑤ 연차

차나무에 그늘을 만들어 재배하거나 그늘에서 자란 어린순을 채취, 차잎을 쪄서 그대로 건조한 덩어리차이다. 말차와 같은 의미로 사용되었으나, 현재에는 구별하여 사용되어진다. 제조 공정 중 어린잎을 쪄서 말릴 때 차 잎을 비비지 않고 그대로 말린다. 이것은 나중에 뜨거운 물에 우려내는 것이 아니라 분쇄하여 말차로 이용하기 때문이다.

⑥ 말차

연차를 분쇄하여 분말로 만든 차이다. 주로 일본에서 많이 생산되며 애용된다. 연차를 다구(절구) 등으로 아주 곱게 빻아 미세한 분말로 만든 차로 맛의 강도에 따라 진한 차와 엷은 차로 구분된다. 말차는 물에 가루가 그대로 있는, 즉 현탁액 상태로 마시게 되므로 입자의 크기나 모양 등이 아주 중요하게 작용한다.

입자가 거칠거나 너무 크게 되면 마시기에 적당하지 않다. 입자는 약 10 ㎛ 이하로 가늘고 약간 길쭉한 것이 좋다. 또한 입자가 균일하여야 하며 해머나 기계로 분쇄한 것보다 절구를 이용한 분쇄가 더욱 좋다.

⑦ 아차

묵은 차나무에서 따는 맏물차와 두물차의 싹과 움을 모아서 만드는 차이다. 공정에서는 제조 과정 중 분리된 선단의 싹에서 분리된 입상의 상태를 이르기도 한다. 유효 수용성 성분이 많고 맛과 향이 상급차와 비슷하다. 여러 번 우려내어 즐길 수 있으며, 특히 옥로차나 고급 번차와 현미를 같은 무게 비율로 하여 현미 녹차를 만들기도 한다. 현미 녹차는 쌀을 볶을 때의 구수한 향기가 더하여져 좋은 맛과 향을 즐길 수 있다.

좋은 녹차 선택법 및 우려내는 방법

① 좋은 녹차 선택법

좋은 녹차는 일반적으로 겉모양이 가늘고 광택이 있어야 하며 잘 말려 있어야 한다. 차의 색도 균일하여야 하며 특히 연황색이 나는 잎은 묵은 잎일 가능성이 크므로, 차 잎에 연황색이 나는 묵은 잎의 함유가 적어야 한다. 손으로 만져보아 단단한 느낌이 드는 차이어야 한다. 들어보아 무거운 느낌이 들어야 한다.

② 물 끓이기

수돗물은 받아서 하루쯤, 적어도 반나절 후에 사용한다(여름철에는 소독약인 염소의 양이 많으므로 이를 참고한다). 수돗물을 끓일 때에는 뚜껑을 열어서 끓이며, 물이 끓는다고 금방 내려놓지 말고 약 2~3분간 완전히 끓인다. 지하수인 경우에는 유기물이나 철 혹은 망간 등과 같은 무기질이 많이 함유된 물은 쓰지 않는다.

③ 우려내기

녹차에 함유된 여러 가지 물질 중에 카페인 등과 같이 쓴맛을 내는 물질과 카테킨의 떫은맛을 내는 물질, 그리고 아미노산의 감칠맛 성분 등 여러 성분에 의한 여러 가지 맛이 조화를 이루어 차의 향과 맛을 낸다. 이런 성분은 성질이 각각 달라 뜨거운 물에 떫은맛이 많이 우러나오고, 낮은 온도의 물에 시간을 주면 감칠맛의 차가 된다. 또한 차의 종류에 따라 물의 양과 온도를 달리하므로 각각에 알맞게 조절하여 차를 즐긴다. 일반적으로 고급차인 경우에 물의 양을 조금 적게 하고, 보통의 차는 물의 양을 조금 많이 한다.

홍차 : 100℃,   보이차와 우롱차 : 95℃,   백차와 황차 : 80℃,   녹차 : 75℃

④ 차를 넣는 방법
- 상투법 : 여름에 차를 넣는 방법으로 물을 다 붓고 그 다음에 차를 넣는다.
- 중투법 : 봄이나 가을에 사용하며, 물을 반 정도 붓고 다음에 차를 넣은 다음 다시 물을 채우는 방법이다.
- 하투법 : 겨울에 사용한다. 차를 넣고 물을 붓는다.

작설차

티 테이스팅(Tea Tasting, Cupping)

차를 우려내어 향과 맛으로 평가하는 방법으로 생산자, 바이어, 블렌더 등에 의해 이루어진다.

티 테이스팅 도구

티 테이스팅 준비사항

다양한 종류의 찻잎을 비롯하여 티 테이스팅 컵 세트, 전자저울, 타이머, 티 테이스팅용 스푼, 뜨거운 물, 평가서 등을 준비한다.

티 테이스팅 방법

① 찻잎을 3g씩 저울에 계량한다.

② 마른 잎의 모양, 향기를 먼저 체크한다.

③ 3g의 찻잎을 테이스팅 컵에 담는다.

④ 찻잎에 물을 붓고 정해진 시간 동안 우린다.

⑤ 시간이 되면 우린 물을 볼에 붓고 뚜껑을 열어 향을 맡는다.

⑥ 테이스팅 컵을 뒤집어 우려낸 잎의 모양과 향을 평가한다.

⑦ 우려낸 찻물의 수색과 향을 평가한다.

⑧ 스푼으로 찻물을 마시면서 체크한다.

차의 성분

차는 인간의 신체에 유익하므로 오랜 역사에 걸쳐서 많은 사람들에게 애용되어 왔는데, 차의 성분은 차나무가 자라는 토양과 햇빛, 습도 등의 자연조건 및 찻잎 따는 시기와 제다법, 보관상태 등에 따라 조금 달라진다.

탄닌(Tannin 혹은 Polyhenol)

탄닌은 차탕의 색깔과 향기와 맛을 크게 좌우하는 주요성분이다.

뜸차(황차, 홍차)는 탄닌성분이 산화효소에 의해 산화 중합되어 주황색과 붉은색의 물질로 변하게 되므로 탄닌이 적으며, 녹차에는 많이 함유되어 있다. 탄닌은 광합성에 의해 형성되므로 일조량이 많으면 함량이 많아진다.

카페인(Caffeine)

차의 주요성분으로서 다소(茶素, Thein)라고도 하며 쓴 맛을 낸다. 볶은 차가 찐 차보다 카페인의 함량이 많고, 일찍 딴 차가 일조시간이 짧아 함량이 많으며, 해가림 재배한 고급차가 카페인의 함량이 많다.

차가 커피와는 달리 카페인으로 인한 부작용이 일어나지 않는 이유는 찻잎 중의 카페인이 폴리페놀과 쉽게 결합해 크림을 형성하게 되며, 이것은 낮은 온도에서 불용성으로 유지되고 잘 녹지 않으므로 체내의 동화속도가 낮기 때문이다.

유리아미노산

단감칠 맛을 내는 데아닌은 녹차의 주된 아미노산으로 일찍 딴 봄차에 총유리아미노산의 61.6%, 여름차에 40% 포함되어 있다.

데아닌은 일광을 많이 받으면 카테킨류(탄닌성분)로 대사전환되므로, 그늘에서 자랐거나 가리개를 씌워 자란 찻잎은 잎에서 데아닌 분해가 억제되어 축적되므로 유리아미노산의 힘량이 많다. 아침안개가 걷히기 전에 딴 차는 그 함량이 많아 고급차이다. 또 신 감칠맛을 내는 글루타민산과 아스파라긴산 그리고 쓴 감칠맛을 내는 알기닌 등의 필수 아미노산이 고루 들어 있어 차의 풍미를 한층 더해준다.

비타민

차에는 비타민 A, B_1, B_2, E, C, 니코틴산 등이 풍부하게 들어 있다.

① 피부를 윤택하게 유지시켜주는 비타민 A

비타민 A에는 피부 세포나 점막 세포를 건강한 상태로 유지시키는 작용이 있다. 녹차 중에 풍부하게 함유 되어 있는 카로틴 성분은 지용성으로 보통 물에는 우러나지 않지만 차엽을 마쇄하여 마시는 가루차나 식품에 차가루를 첨가하여 섭취할 경우 언제나 윤택한 피부를 유지할 수 있다.

② 피부를 희게 유지시켜주는 비타민 C

또한 비타민 C는 멜라닌 색소의 침착을 방지하고 기미나 주근깨의 형성을 억제해 피부를 희게 유지하는 작용을 한다. 특히 자외선이 많은 계절에는 비타민 C를 적극적으로 섭취해야 하고 담배를 많이 피는 애연가 역시 충분히 섭취하지 않으면 안 된다. 비타민 C의 보고라 할 수 있는 녹차는 레몬에 비해 5~8배나 많은 비타민 C를 함유하고 있다. 하루에 여러 잔의 녹차를 마시면 1일 필요량의 상당량을 보충할 수 있다.

무기질과 기타

차는 물에 잘 녹는 무기질(미네랄)이 많이 함유되어 있으므로 훌륭

한 알카리성 음료이다. 칼륨, 인산, 칼슘, 마그네슘, 나트륨, 불소 등과 피를 만드는데 필요한 철, 망간 등도 함유되어 있다.

차의 효능

혈소판 응집 억제 작용

차 침출액(카테킨)과 찻잎 성분(데아플라빈류, 데아플라빈모노갈레이트)이 혈소판 응집 억제작용을 한다.

중추 신경계의 작용

찻잎의 카페인은 신경 중추를 흥분, 정신 기능을 촉진하고 사고력을 높이고 피로를 경감시킨다. 그러나 과량 섭취하면 불면, 동계, 흥분, 두통, 이명, 불쾌감 등이 생기므로 상용량만 사용하는 것이 바람직하다.

강심, 이뇨 및 기억력 판단력 증진

차에는 강심작용이 있기 때문에 혈액의 순환이 잘되며, 신장의 기능을 높여주므로 뇨량이 증가된다고 한다. 또한 카페인은 강심작용 이외에 이뇨 호르몬을 분비하는 장기를 자극할 가능성도 있다고 한다. 차는 카페인의 중추신경에 의한 속효작용의 하나로써 머리가 혼잡하거나 복잡한 문제를 해결할 때나 공부를 할 때 진한 차를 마심으로써 두뇌 활동을 촉진시켜 머리의 회전을 빠르게 해줄 수 있다고 한다.

순환계의 작용

찻잎 중에 카페인과 데오필린은 직접 심장을 흥분시키고 관상 혈관을 확장시키며, 말초 혈관에 대해서는 직접 작용한다. 그러나 카페인은 혈관운동 중추나 미주 신경에 흥분을 일으키나 그 작용과정은 복잡하다.

평활근과 횡문근의 작용

데오필린은 평활근을 이완시키고 기관지 천식이나 담선통에 사용하나 카페인은 횡문근의 수축작용을 강하게 하여준다. 현대의학이 매우 발달한 지금에까지도 바이러스에 유용한 감기약이 개발되지 못하고 있는데 바이러스에 의한 것으로 감기 기운이 있을 때, 차를 내어 마시면 그 증상이 가벼워지는 기분을 느끼게 된다.

변비에 대한 치료

찻잎 중 폴리페놀 성분은 위의 긴장성을 높여 위 운동을 활발하게 하고, 장에 대해서는 긴장을 풀어주는 것으로 알려져 있다. 따라서 스트레스를 받는 사람들에 신경성 변비에 대해서는 충분한 효과가 있다. 또한 여러 가지 식중독이나 배탈을 방지해 주는 작용을 한다.

암 발생 억제 효과

암의 발생 원인은 아직 완전하게 밝혀지지는 않았지만 80~90%가 음식물이나 담배, 알콜, 자외선, 환경오염과 같이 생활하면서 쉽게 접촉하는 요인들에 의해 발생되고 있고 특히 우리가 매일 섭취하는 음식물과 관계가 깊은 것으로 알려져 있다.

하루에 녹차를 3잔 이하 마시는 사람, 4~9잔을 마시는 사람, 10잔 이상 마시는 사람 등 세 그룹으로 나누어 암 발생 예방의 가능성을 검토한 결과 총 199명의 암 사망자 가운데서 하루에 3잔 이하 마시는 사람의 사망연령은 남자가 평균 65.8세, 여자는 67.6세에 비해 하루 10잔 이상 마실 경우에는 남자가 70.3세, 여자가 74.1세로 나타났다. 하루에 10잔 이상의 녹차를 마실 경우 남자는 4.5세, 여자는 6.5세의 수명이 연장되는 것으로 밝혀져 녹차가 암 발생 억제에 매우 효과적이라는 사실을 알 수 있다.

수렴작용

차 속에 들어 있는 타닌은 위장을 수렴하는 작용이 있어 모세혈관의 저항력을 유지시키고 회복시키는 효능이 있다.

콜레스테롤 저하 작용

녹차는 혈관벽에서 콜레스테롤을 취하여 간에 회수함으로써 인체에 좋은 작용을 하는 HDL-콜레스테롤은 상승시키는 데 비해, 몸에 해로운 작용을 하는 LDL-콜레스테롤은 감소시키는 선택적 감소 작용을 나타내는 특징이 있다.

다이어트 효과

날씬해지기 위한 가장 간단하면서도 효과적인 방법은 바로 차를 마시는 것이다. 운동하기 전에 차를 마시면 에너지원으로서 지방이 우선적으로 연소되기 때문에 다이어트에는 그만이다. 또한 식사 뒤에도 차를 마시면 다이어트에 좋은 효과를 볼 수 있다. 차 성분 중의 카테킨이 지방 분해효소의 작용을 강화시켜 주기 때문에 기름진 음식을 먹는 경우에 차를 마시면 매우 효과적이다.

고혈압을 낮추는 작용

보통 고혈압인 사람들은 염분이나 지방의 과다섭취를 줄이고 야채나 단백질을 충분히 섭취하는 것이 바람직하다. 또한 녹차를 많이 마시면 차엽 중의 카테킨 성분에 의해 혈압이 떨어지게 된다.

노화 억제 효과

차엽 중에는 카테킨이 매우 많이 함유되어 있어 강한 항산화 효과를 나타낸다. 이외에도 비타민 C와 E 등 항산화 비타민이 매우 풍부하게 함유되어 있어 녹차는 복합적인 작용으로 뛰어난 노화억제 효과를 나타낸다. 예로부터 차는 장수의 묘약으로 지칭되어 왔는데, 역학적인 조사에서도 하루 10잔 이상 마실 경우 하루 3잔 이하로 마시는 사람에 비해 평균 6살 이상 장수하는 것으로 보고되고 있다.

알레르기 억제

알레르기는 체내에 형성된 항체가 외부에서 들어온 알레르겐의 침입을 저지하게 위해 일어나는 일련의 항원 항체 반응으로 콧물, 두통, 가려움 등의 증상이 나타난다. 차에 이러한 알레르기를 억제하는 작용이 있다.

당뇨병에 효과

당뇨병에 걸리면 혈당치가 급격히 상승되지 않도록 인슐린의 작용에 적당한 식사를 하는 것이 가장 중요하다. 차엽 중에 함유된 카테킨 성분은 당질의 소화 흡수를 지연시키는 작용을 함으로써 포도당이 혈액 중으로 흡수되는 것이 늦어져 급격한 혈당치의 상승이 억제되는 것이다.

스트레스의 완화

차를 마시는 동안 은은히 배어 나오는 풋 냄새와 같은 그린계의 향기와 달콤한 후로랄게 향기는 스트레스를 해소시키고 기분을 전환시켜 준다. 뿐만 아니라 카페인은 대뇌를 자극하여 머리를 맑게 하고 기분을 좋게 하여 정신적인 안정에 도움을 준다. 또한 풍부히 함유된 비타민 C가 피로 회복 작용을 하는 등 차는 복합적으로 스트레스 억제 작용을 한다.

2
차의 제조 및 재배

차의 제조

백차(White tea)
새싹이나 어린잎을 채엽하여 산화 촉진 혹은 그대로 건조시켜 만든 차이다(백모단, 백호은침).

녹차(Green tea)
산화 효소를 비활성화시키기 위해 열을 가해 산화를 억제한 불산화 차이다. 살청(殺靑)에는 중국식으로 덖는 방식(초청, 炒靑)과 일본식의 찌는 방식(증청, 烝靑)이 있다. 녹차는 산화 효소를 비활성화하기 위해 열을 가하여 찻잎의 산화를 억제한 불산화차이다(용정, 벽라춘, 태평후괴, 주차).

- 채엽(採葉, Plucking) ⇒ 위조(萎凋, Withering) ⇒ 살청(殺靑, Fixation, Pan Firing) ⇒ 유념(揉捻, Shaping) ⇒ 건조(Firing Drying) ⇒ 분류(Sorting Grading)

녹차제조

① 채엽(Plucking) : 수화하는 시기, 재배지역, 수확방법, 수확 전의 날씨 등이 품질과 등급을 결정하는 중요한 요소이다.
② 위조(Withering) : 차잎을 수분량을 감소시켜 시들게 하는 과정
③ 살청(Fixation) : 차잎에 열을 가하여 산화효소가 열에 의해 비활성화되는 단계이고, 표면에 직접 열을 접촉시키는 덖음방식(초청, 炒靑), 뜨거운 증기로 쪄 내는 증청(蒸靑)이 있다.

④ 유념(Rolling) : 차 잎을 넓게 펼쳐 비비는 단계
⑤ 건조(Drying) : 장기간 보관이 가능하도록 수분함량을 낮추는 단계
⑥ 분류(Sorting) : 등급대로 분류하여 포장한다.

청차(우롱차, Oolong tea)

산화를 진행시키다 중간에 살청하여 중단한 반산화 차이다(대홍포, 안계철관음, 백호오룡, 문산포종).

홍차(정통 방식, Black tea)

완전 산화시켜 만든 차로 중국에서 만들어지는 공부홍차(工夫紅茶) 제법인 정통방식과 주로 수제작으로 이루어지며, 찻잎이 크고 맛과 향이 섬세하여 고급홍차이며, 비정통 방식은 영국에서 생산 기계를 개발하여 좀 더 빠르고 대량 생산이 되는 CTC제법이나 로트르반 제법이다. 비정통 방식은 분쇄형 홍차로 만들어 티백으로 많이 이용된다(정산소종, 기문, 전홍금아, 기문모봉).

- 채엽 ⇒ 위조 ⇒ 유념(Rolling) ⇒ 산화(Oxidation) ⇒ 건조 ⇒ 분류

흑차(보이차, Dark tea)

차의 제왕인 보이차는 오래 묵을수록 맛이나 향이 우수하고 항암과 다이어트에 약효가 뛰어나다. 운남산 차들이 모여 보이차라는 명칭이 생겼고, 운남성 남부지역의 소수민족들이 보이차를 만들어 왔다. 중국 정부는 운남성에서 생산된 대엽총의 찻잎을 쇄청 건조시킨 모차(毛茶)를 원료로 하여 발효시킨 산차 혹은 긴압차를 말한다.

완성된 모양에 따라 산차와 긴압차로 구분하는데, 산차는 공모양이나 벽돌모양 혹은 버섯모양이나 둥글납작한 빈대떡처럼 딱딱하게 뭉쳐 놓은 명차를 말한다. 또한 제다방법에 따라 발효시키지 않은 생차(生茶), 이미 발효된 숙차가 있다. 숙차(熟茶) 제다법으로 악퇴라는

과정을 거치는데, 찻잎을 두텁게 쌓아 고온다습한 환경을 만들어 발효를 촉진시키는 과정이다(보이생차, 보이숙차, 보이칠자병차, 보이전차, 보이타차).

- 채엽 ⇒ 위조 ⇒ 살청 ⇒ 유념 ⇒ 쇄청 ⇒ 분류 ⇒ 긴압
※ 긴압(緊壓) : 잘 말려진 모차를 증기에 쐬어 모양틀에 넣고 강하게 압축시켜 성형하는 과정. 모양에 따라 방차, 병차, 원차가 있다.

차의 재배

차는 생산지역의 기후와 토양, 날씨가 중요한데 수확 전 7~10일간의 날씨가 품질에 영향을 주는 요소로서 테루아(Terroir)에 속한다.

기후는 적도부근의 고산기후가 최적의 성장 기후이고 13~25℃ 사이에서 성장하며 강수량이 풍부하고 연간 1500ml의 강수량이 요구되고, 하루 최소 5시간 이상의 일조량이 있어야 하며 간접광이 좋다.

전통 원산지

한국

5000년 전 2대 문헌에 의하면 한국의 고유차는 백산차이고, 한국 녹차의 원산지는 가야시대에 인도 아야타의 공주 허황옥이 김수로왕자의 결혼 선물로 차를 가져왔다. Camellia sinensis sinensis를 김해 근처 산에 심었다. 잎의 크기가 작고 이른 봄에서 5월 셋째 주까지 어린 싹과 첫 잎을 딴다.

한국의 녹차는 우전, 세작, 중작, 대작으로 나누고 종류는 덖음차, 정제차, 수제차, 작설차, 죽로차, 햇차, 황차, 엽차, 가루녹차, 현미녹차 등이 있다. 유명 차산지로는 보성, 하동, 제주도가 있다.

중국

녹차가 전체 생산량의 2/3를 차지하고 홍차와 흑차가 20%, 우롱차가 5%, 그 외 나머지는 백차와 황차이다. 중국이 세계에서 가장 많은 양의 차를 생산하고 있다. 연간 일인당 차 소비량은 370g정도 되고 푸젠성(복건성), 저장성(절강성), 윈난성(운남성), 쓰촨성(사천성), 후난성(호남성), 후베이성(호북성), 안후이성(안휘성)에 집중되어 있다.

일본

814년 문헌에서 일본 승려인 쿠카이(Kukai)가 사가천황에게 중국의 귀한 책을 소개하였는데, 여기서 다도에 대한 내용이 나오고 중국에서 차를 가져 왔다는 기록이 있다. 차를 중국에서 가져와 일본에서 소량 생산하여 승려, 귀족이 주로 마셨다.

일본의 차는 햇볕을 받으며 자라는 차(Sencha, Bancha, Hojicha), 차광재배차(Matcha, Gyohuro, Kabusecha)를 재배하며, 주로 수증기에 쪄낸 뒤(Sencha) 찻잎을 굴려 건조시킨다. 일본차는 Umami를 최대한 느낄 수 있도록 만든 차이다. 자체 차 생산량이 수요에 미치지 못하고 있다.

인도

1823년 로버트 브루스가 아삼지역에서 야생 차나무를 발견하고 1830년 이후 영국 동인도회사가 중국산 차를 대신할 아삼지역의 차나무를 경작하기 시작하면서 활성화되기 시작했다. 20세기 초까지만 해도 굉장히 낮은 수준의 차 소비를 보이다가, 인도의 차 소비에 대한 대대적인 홍보와 전 국민 차 소비 캠페인 덕에 1914년에는 20만 톤이 넘게 생산을 하게 되었다.

주요 차 생산지는 다즐링, 아쌈, 닐기리 세 곳이며, 현재 세계적인 차 생산국으로 인도 경제에 큰 부분을 차지하고 있다.

대만

중국 복건성 남동부의 바다 건너에 위치한 대만은 차 생산량은 적지만 품질이 우수하다. 일찍부터 차의 효능을 알아 정부차원에서 지원하여 차나무 수종개발, 포장, 수송 등 전반적인 연구로 많은 발전을 하였다. 자연 순화적인 차나무를 재배하고 있다. 동방미인, 동청노홍차, 천인명차, 목책철관음, 문산포종차, 고산차 등이 있다.

스리랑카

인도양에 있는 눈물방울 같이 생겼다고 하여 인도양의 눈물이라고 일컬어지는 스리랑카는, 1972년 국명을 실론(Ceylon)에서 스리랑카로 개명하였다. 세계적인 차 수출국이자 주요 생산국으로, 차 재배면적은 21만 헥타르이고 생산량은 33만 9512톤이다. 기후가 다양하고 고도차가 커서 다양한 맛을 지닌 차들이 생산되고 있다.

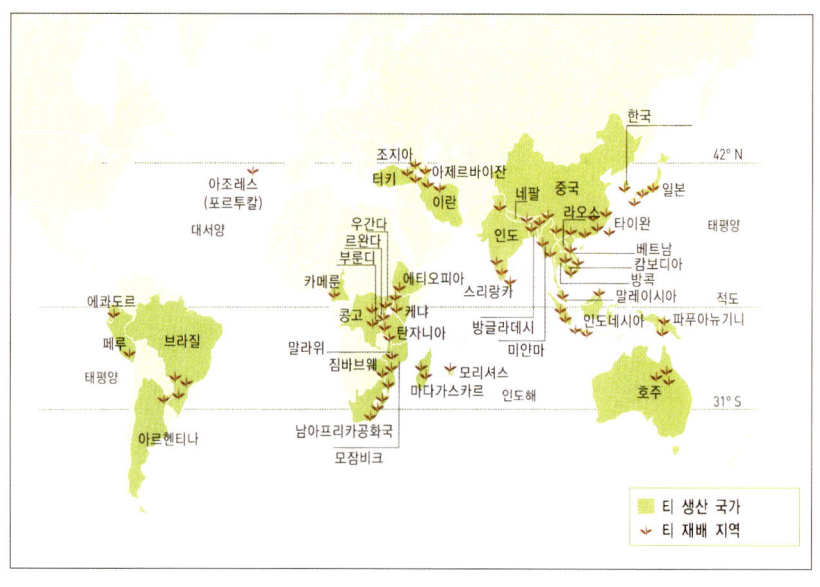

전 세계 주요 차 생산국 및 지명

3
차의 분류

스트레이트 티(Straight Tea)

티의 100%가 원산지에서 생산된 찻잎(Single Origin)만을 이용하여 만든 차로서, 클래식 티(Classic Tea)라고도 부른다. 원산지에 따라 인도, 실론(스리랑카), 중국 등으로 나눈다. 인도의 차는 다즐링(Darjee-ling), 아쌈(Assam), 닐기리(Nilgiri)가 있고 실론의 차는 우바(Uva), 딤불라(Dimbula), 누와라엘리야(Nuwara Eliya)가 있다. 중국의 차는 키먼(Keemun), 랩상소우총 등이 있다.

혼합차(Blended Tea)

서로 다른 종류의 찻잎을 섞는 것을 블렌딩티라고 한다. 예를 들어 기본 홍차에 허브를 혼합하거나 산지가 다른 지역의 차를 섞는 경우이다.

목적에 따라 힐링을 원하거나 기분전환을 위해, 힘을 얻기 위해서 혹은 다이어트, 약용으로 차를 혼합하는 경우도 있다. 에프터눈 티, 블랙퍼스트 티, 실론티 등이 대표적인 블렌딩 티이다.

가향차(Flavored Tea)

찻잎에 향이나 맛이 나는 정유 성분을 혼합하여 만든 차이다. 향을 내는 것은 허브향, 풀향, 꽃향, 과일향, 나무향, 바다향, 유제품향, 금속향 등을 첨가하여 가향차를 만든다.

대표적인 것은 인도의 마살라 차이, 중국의 자스민, 베르가못오일을 이용한 얼그레이 등이 있다.

티의 아로마

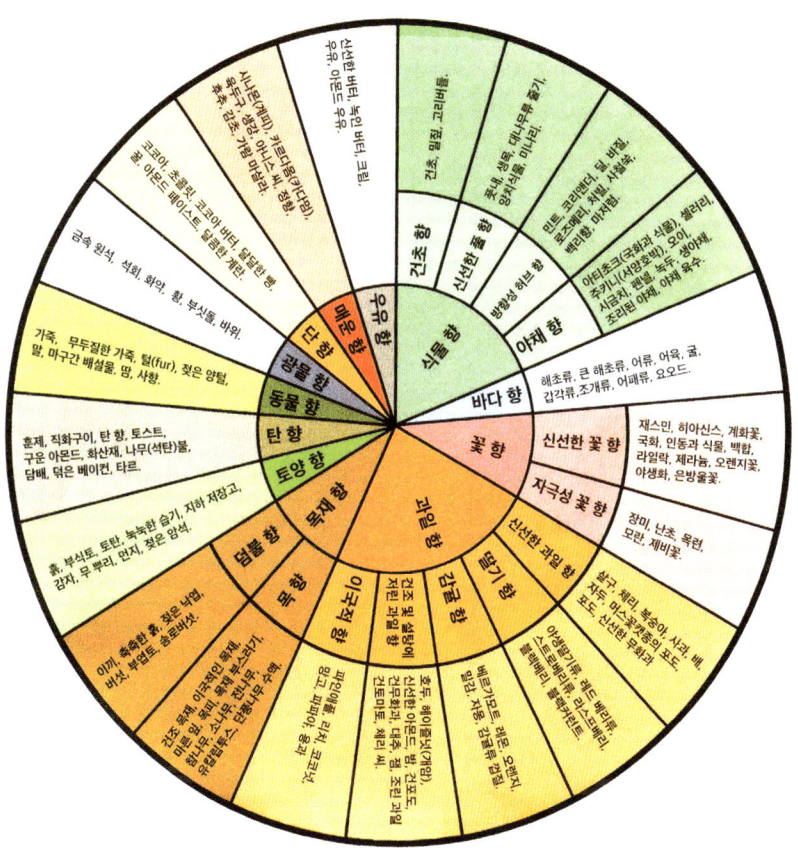

CHAPTER 6 다양한 차의 이해

4

한국의 차

구기자차

구기자나무는 가지과의 낙엽관목으로 동네 근처의 뚝이나 냇가에 잘 자란다. 원줄기는 비스듬하게 자라면서 끝이 밑으로 처지지만 다른 물체에 기대어 자란 것은 4m정도 되고, 가지에 가시가 흔히 있으나 없는 것도 있다. 원줄기는 땅에 닿으면 그 곳으로부터 다시 새로운 나무가 자라난다.

카페인이 들어있지 않아 녹차 대용으로 좋고 오래 마시면 동맥경화나 피부가 거칠어지는 것도 막을 수 있다. 많이 들어있는 칼륨 성분은 체내의 염분 배설을 촉진시켜주기 때문에 고혈압 예방효과가 있는 것으로 알려져 있다.

구기자차

재 료

구기자 20g, 꿀 약간, 물 1L

만들기

01. 약한 불에 구기자와 물을 넣고 끓인다.

02. 30분 정도 끓이면 붉은 빛깔이 우러난다.

03. 구기자는 그 자체에 독특한 향과 맛이 없어서 생강, 계피, 대추 등을 약간 넣고 끓여 먹는다.

04. 마시기 전에 꿀을 타서 마시면 된다.

감잎차

　중국에서 감나무가 재배된 것은 5~6세기 이후이며, 우리나라에선 12세기에 고욤나무에 대한 기록과 조선조 초기에 건시가 진상품으로 올랐던 걸로 추정해 보면 그 역사가 오래된 과실이다. 감잎에는 섬유질 단백질 비타민 성분이 많이 들어있다. 비타민 C와 폴리페놀 엽록소 등이 잘 어우러져 고혈압·당뇨병 등 성인병 예방에 효과가 뛰어나다. 갈증을 풀어주기 때문에 냉장고에 넣고 음료수처럼 마셔도 좋다.

감잎차

재 료

마른 감잎 20g, 감초 10g, 계피 5g, 생강 5g, 잣 약간, 물 1L

만들기

01. 감나무의 잎을 사용하는데 6월중에 딴 감잎은 젖은 면보로 닦아 잘게 썰어 그늘에 말린다. 7월경에 채취한 잎은 살짝 쪄서 말린다.

02. 말린 감잎은 용기에 넣고 뜨거운 물을 부어 맛을 우려낸다. 차게 마시려면 감잎을 뜨거운 물에 10분 정도 우려낸 뒤 식혀서 마신다.

03. 마시기 전에 잣을 띄어 마시기도 한다.

둥굴레차

은방울꽃과에 속하는 여러 해살이 풀로 '신선들이 먹는 음식'이라 했을 만큼 좋은 향과 효능이 좋다. 6~7월에 단지모양의 푸르스름한 꽃이 잎겨드랑이에서 피고, 공 모양의 장과는 검게 익는다. 우리나라, 일본, 중국 등지의 산과 들에 분포하고 있으나 최근에는 재배되고 있다.

원래 강장제로 쓰였을 만큼 몸이 허약한 사람에게 좋으며, 인삼과는 달리 체질에 상관없이 잘 어울린다.

둥굴레차

재 료

둥굴레 20g, 물 1L

만들기

01. 재료를 깨끗이 씻어 말린 다음 용기에 넣고 물을 부어 끓인다.

02. 끓기 시작하면 불을 줄여 뭉근하게 달인다.

03. 달인 다음에 찌꺼기를 건져내고 찻잔에 따라 마신다.

솔잎차

소나무는 상록교목으로 우리나라 전국각지에서 자란다. 껍질은 윗부분에 있어서 적갈색 또는 갈색이며, 잎은 다소 비틀어지면서 두 개씩 난다. 꽃은 5월에 피어 열매는 다음해 9월에 익는다.

화분 및 수피를 식용으로 한다. 산소와 미네랄이 풍부한 솔잎은 동맥 경화와 혈액 순환에 좋다.

솔잎차

재 료

솔잎 50g, 물 1L

만들기

01. 일반적으로 솔잎 50g에 물 1L를 넣고 끓인 후, 기호에 따라 꿀이나 매실 엑기스 넣어서 마신다.

02. 병에다 솔잎을 3~4cm정도 되게 잘라서 넣고 물 500ml에 설탕 100g을 넣고 끓인 후, 식혀서 솔잎이 잠기게 넣은 뒤 약 3개월 보관하였다가 찻잔에 솔잎 5~7잎을 꺼내서 넣고 뜨거운 물을 부어서 마신다.

03. 건조시킨 솔잎을 믹서로 갈아서 분말을 내어서 컵에 넣고 뜨거운 물을 붓기만 해도 마실 수 있다.

04. 건조된 솔잎을 믹서로 갈아서 꿀로 환을 만들어 보관하였다가 뜨거운 물에 타서 마신다.

쑥차

쑥은 국화과에 속하는 다년초로, 우리나라의 전역에 분포하며 그 종류도 약 30종이 된다. 쑥 잎의 표면은 푸르고 뒷면은 젖빛의 솜털이 있고 쑥 특유의 향기가 있다. 어린잎은 식용, 성장한 잎은 뜸쑥을 만들고 흰털은 인주를 만드는데 쓴다고 알려져 있다.

쑥에는 비타민 C와 비타민 A가 많이 들어 있어 저항력을 길러주기 때문에 특히 환절기 감기예방과 치료에 좋다. 또 일반 야채류와는 달리 철, 칼슘 등 무기질 성분이 많이 함유돼 있어 위장병 변비 등에 효과가 있다.

쑥차

재 료

말린 쑥 200g, 볶은 찹쌀 200g, 볶은 콩 200g, 볶은 율무 200g, 소금 약간, 분유 2컵

만들기

01. 쑥은 연한 것으로 준비한다.
02. 기타 재료는 볶은 뒤 가루를 내어 끓는 물에 타서 마신다. 마시기 전에 꿀을 첨가하여 단맛을 내기도 한다.

두충차

두충은 두충나무과에 속하는 낙엽교목의 수피이다. 중국의 특산물인 두충의 껍질은 한방의 약제로 쓰여 왔으며, 잎은 차용으로 애용돼 왔다.

동의보감에 따르면 두충은 뼈를 튼튼하게 해서 허리가 아프거나 다리에 힘이 없을 때 좋다. 산후 조리나 현기증, 이명증에도 효과가 뛰어난 것으로 알려져 있다.

두충차

재 료

두충잎, 껍질 20g, 꿀 약간, 물 1L

만들기

01. 재료를 용기에 넣고 물을 부어 끓인다.

02. 끓기 시작하면 불을 줄여 뭉근하게 달인다.

03. 달인 후 찌꺼기를 체로 걸러낸다.

04. 찻잔에 따른 다음 꿀이나 매실액기스를 타서 마신다.

오미자차

오미자나무는 오미자과에 속하는 다년생 덩굴 짓는 나무이다. 약으로는 그 열매를 쓴다. 요즘은 그 씨도 역시 약으로 쓰이는데, 그 이용 가치가 열매보다 더 크다. 오미자나무는 우리나라 전국 각지에 분포되어 있다.

오미자는 감(甘)·산(酸)·고(苦)·신(辛)·함(鹹 : 짠맛) 등의 5가지 맛을 고루 함유하고 있으며, 특이한 향기가 있고 약간의 타닌이 들어 있다.

오미자차는 옛날부터 한방계에서 폐기(肺氣)를 보(補)하고 특히 기침에 특효약으로 알려져 있으며, 또 목소리가 가라앉았을 때 마시면 효험이 있다.

오미자차

재 료

오미자 20g, 대추 10g, 밤 10g, 생강 또는 계피 약간, 오미자 20g, 구기자 10g, 대추 10g, 산수유 5g, 생강 또는 계피 약간, 오미자 20g, 산수유 10g, 대추 10g, 생강 또는 계피 약간

만들기

01. 재료(①, ②, ③)를 각각 용기에 넣고 물을 부어 끓인다.
02. 끓기 시작하면 불을 줄려 뭉근하게 달인다.
03. 달인 후 찌꺼기는 체로 걸러내고 꿀을 타서 마신다.

모과차

　모과나무는 과수 분재, 혹은 관상용으로도 많이 재배하고 있는 낙엽교목으로 중국이 원산지로 우리나라에서는 전남, 충남, 경기도 지방에서 많이 분포하고 있다. 열매를 모과라 하고 타원형으로 길이가 10~20cm, 지름이 8~15cm로서 목질이 발달하고, 9~10월에 황색으로 익으면 향기가 좋으나 신맛이 강하다.

　모과는 각기병에 효과가 있어 약재로 사용해 왔다. 또한 급체·기관지염·토사·폐결핵 등에 효과가 있는 것으로 알려졌다.

모과차

재 료

모과 30g, 잣 2작은술, 대추 2개, 꿀 또는 설탕 2큰술, 물 0.5ℓ

만들기

01. 모과를 깨끗이 손질한 후 길이로 4등분하여 씨를 파내고 얇고 납작하게 썰어, 뚜껑 있는 유리병에 설탕과 1 : 1 비율로 켜켜로 담아 1주일쯤 재어둔다.

02. 2~3일 후 노란즙이 우러나기 시작하면 찻잔에 모과 1큰술을 담고 끓는 물을 부어 우려낸다.

03. 모과는 설탕에 재우는 방법 외에 건조시켜 차로 이용하기도 한다. 설탕에 재울 때와 마찬가지 크기로 썰어 바람이 잘 통하는 그늘에서 10일간 말린 뒤 한지에 싸서 보관해 두고 오래도록 끓여 먹을 수도 있다.

04. 말린 모과는 모과 조각 10쪽 정도에 생강 1쪽, 말린 대추 3알을 넣고 중간불에 1시간 정도 끓여 취향에 따라 꿀, 설탕 등으로 단맛을 내어 마신다.

유자차

유자나무는 운향과의 상록관목으로 높이가 4m에 달한다. 유자의 겉껍질은 울퉁불퉁한 황색으로 향기가 나며 신맛이 강한 내부와는 쉽게 분리된다. 유자의 중앙부는 비었고, 감귤 속에 속하는 것 중에서 추위에 가장 강하다. 유자는 북경방면에서 우리나라를 경유하여 서기 717년경 일본에 전래된 것으로, 전형적인 동양 과실 중의 하나이다. 유자는 기침·두통··신경통 등에 효과가 있다.

유자차

재 료

유자 1kg, 황설탕 1kg, 잣 약간

만들기

01. 유자는 10월 초순경에 신선하고 잘 익은 것을 골라 깨끗이 씻은 후 물기를 닦고 반으로 자른다.

02. 3mm 두께로 썰어 씨를 발라내고 유리병에 설탕과 함께 겹겹이 재워 넣는다.

03. 10일 정도 지나 시럽이 생기면 차를 끓인다. 이때 유자차는 유자 4쪽에 물 1L를 붓고 끓이도록 한다.

인삼차

　인삼은 오가피나무과에 속하는 다년초로, 약으로는 그 뿌리를 쓴다. 참나무, 피나무, 박달나무들이 자라는 깊은 산속의 그늘진 마른땅에서 자란다.

　인삼에는 플라보노이드와 게르마늄, 사포닌이 있어 혈액순환을 좋게 하고 노폐물 제거에 좋으며 당뇨에도 효과가 있다. 또한 위에도 좋고 간의 재생을 도와주며 항암효과가 뛰어나다.

인삼차

재 료

수삼 1뿌리, 대추 5개, 꿀 약간, 잣 약간, 물 1L

만들기

01. 수삼을 깨끗이 씻어 물기를 없앤 다음 납작하게 편으로 썰어서 유리병에 겹겹이 꿀과 함께 재워둔다.

02. 1개월 정도 지난 후 대추와 같이 끓여서 마신다. 이때 잣을 띄우기도 한다.

결명자차

결명자의 씨앗으로 결명은 차풀과에 속한 1년 생초이며, 북미 원산으로 산과 들에 자생하며, 흔히 밭에서 재배하기도 한다. 꽃이 진 뒤 활처럼 굽은 기다란 꼬투리가 열리고 이 꼬투리 속에 씨가 들어 있는데, 이를 결명자라고 하여 예로부터 약재로 이용하였다. 결명자는 소화불량·고혈압·위장병 등에도 유효하다.

결명자차

재 료

결명자 20g, 꿀 약간, 물 1L

만들기

01. 결명자 특유의 향미를 없애기 위해 살짝 볶는다.
02. 끓는 물에 결명자를 넣고 붉은 빛과 향기가 날 때까지 20분 정도 끓인다.
03. 마실 때 설탕이나 꿀을 가미해서 단맛을 내어 마시기도 한다.
04. 보리차처럼 마시려면 물의 양을 2배로 해서 끓여 마시기도 한다.

국화차

국화는 다년생 초본식물로 생리조절과 몸을 따뜻하게 해주고 혈압을 낮추며 위장을 편안하게 해준다. 또한 두통에도 효능이 있고, 간기능 회복에도 좋으며 노화방지 작용이 있다. 간장을 보하고 눈을 밝게 하며 머리를 좋게 하는 효능이 있다. 신경통, 두통, 기침에 효과적이고 피부를 윤택하게 한다.

국화차

재 료

국화잎 8~10송이, 물 2컵

만들기

01. 국화를 따서 꼭지를 잘 뗀다.
02. 물에 헹궈낸다.
03. 물에 헹군 국화는 뜨거운 물에 살짝 데친 후 말린다.
04. 찻잔에 끓인 물을 붓고 1~2분간 두어 따듯하게 데운 뒤 물을 따라낸다.
05. 물을 1분 정도 팔팔 끓인 후 한김 식힌다.
06. 찻잔에 말린 국화잎 4~5송이를 넣고 물을 부어 꽃잎이 활짝 피면 마신다.

표고차

표고버섯은 향기가 좋고 단맛이 있어 많이 사용된다. 갓의 표면이 흑자색 또는 흑갈색으로 벌어지면 직경 6~9cm가 되는데 완전히 벌어지기 전에 채취한다. 뒷면이 하얗고 깨끗이 주름이 져있으며, 살이 두툼하고 갓이 피지 않은 것이 상품으로 이용된다. 표고버섯에는 혈액순환을 돕는 에리타데닌 성분이 들어있어 고혈압 동맥경화 등에 효험이 있는 것으로 알려져 있다.

표고차

재료

말린 표고버섯 30g, 물 500ml

만들기

01. 말린 표고버섯을 용기에 넣고 물을 붓고 불을 줄여 뭉근하게 달인다.
02. 마실 때 매실액기스를 조금 섞어 먹어도 좋다.

홍삼차

홍삼은 인삼에 열을 가해서 만든 제품으로 중추신경에 대해 진정작용과 흥분작용이 있으며, 순환계에 작용하여 고혈압이나 동맥경화 예방 및 항암효과, 골다공증 예방, 치매예방에도 뛰어나다. 혈당량을 떨어지게 하고 빈혈을 개선해 주며 피로회복에 우수하다. 또한 어댑토겐 효과로 주위환경에서 오는 각종 유해 작용인 누병, 각종 스트레스 등에 대해 방어능력을 증가시켜 쉽게 적응하도록 한다.

홍삼차

재 료

홍삼 4 뿌리, 물 500ml, 꿀 3큰술

만들기

01. 홍삼을 물에 씻어 준비한다.
02. 끓는 물에 홍삼을 넣고 강한 불에 끓이다가 어느 정도 끓으면 중불로 바꾸어 끓인다.
03. 물이 반으로 줄면 약한 불에서 뭉근하게 끓여준다.
04. 기호에 따라 꿀을 첨가하여 먹기도 한다.

복분자차

대표적인 정력 강화식품으로 여성의 불임예방, 눈을 밝게 해주고 치매예방에 좋다. 탄수화물과 지방흡수를 막아 다이어트에 좋으며 포도당, 과당, 펙틴 등의 유기산을 함유하고 있고 폴리페놀 성분이 항산화작용을 해 동맥경화나 노화를 예방한다. 또한 인과 철분, 칼륨과 비타민 A, C가 함유되어 있는데 그중 비타민 C는 귤의 35㎎에 비해 월등히 많은 100g당 80~100㎎이 들어있어 피로회복, 체력보강, 면역력 증강에 도움을 준다.

복분자차

재 료

복분자 100g, 물 600ml

만들기

01. 복분자를 물에 깨끗이 씻은 뒤에 물기를 빼서 준비한다.
02. 냄비에 물과 준비된 재료를 넣어 강한 불에 끓여준다.
03. 물이 끓어오르기 시작하면 약한 불로 2시간 달인 후 먹는다.

대추차

대추나무는 갈매나무과에 속하는 잎 지는 나무이다. 그의 익은 열매를 약으로 쓴다. 최근에는 잎도 약으로 쓰고 있다. 약으로는 보통 가을에 익은 열매를 따서 햇볕에 말려 쓴다. 대추의 원산지는 중국이며, 그 품종 또한 300여 종 이상이나 된다. 대추차는 당질과 비타민 A·B_1·B_2가 상당량 들어 있어 예로부터 보건차로서 애용되어 왔으며, 신경쇠약·빈혈증·식욕부진·무기력, 그밖에 피부를 윤택하게 하는 데 효과가 있다.

대추차

재 료

대추 10개, 생강 1쪽, 꿀 약간, 물 1L

만들기

01. 씨를 발라낸 대추, 생강을 저며서 용기에 넣고 불을 줄여 뭉근하게 달인다.
02. 마시기 전에 꿀을 타서 먹는다.

매실차

　매실의 원산지는 중국이고 수확시기는 5~6월이다. 효능은 강한 살균작용과 해독작용이 있으며, 매실의 피루브산이 간기능을 높이고 구연산은 피로회복에 좋다. 체질개선에도 효과가 있고 위장장애를 없애준다. 특히 매실에 있는 카테킨산은 장안에 살고 있는 나쁜균의 번식을 억제하고 장의 염증과 이상 발효를 막는다. 특히 매실은 피부미용에 좋다. 열을 내리고 통증을 줄여 주는 효과가 있다. 매실은 칼슘의 흡수율을 높여 폐경여성에게 좋다.

매실차

재 료

매실 500g, 설탕 500g, 물 400ml, 얼음 50g

만들기

01. 매실과 설탕을 1 : 1 비율로 준비하고 매실과 설탕을 켜켜이 넣고 그늘에서 보관한다.
02. 10여일이 지난 뒤에 아래에 가라앉은 설탕을 잘 섞어준다.
03. 밑에 설탕이 없어질 때까지 수시로 저어주고 설탕이 다 녹으면 그때 매실차로 이용할 수 있다.
04. 물과 매실청의 비율을 4 : 1 정도로 하여 타먹고 기호에 따라 얼음을 첨가하여 먹기도 한다.

5

허브차의 이해

허브(Herb)

허브는 라틴어로 풀이라는 뜻으로, 건강이나 미용에 도움이 되는 향기가 있는 식물을 허브라고 한다.

허브의 활용

허브에는 후라보노이드, 탄닌, 비타민류, 미네랄이 있어 인체의 스테레스를 완화해준다.

음용 시 주의해야 할 허브

약리효과가 있지만 체질에 따라 사용을 금지해야 할 허브도 있기 때문에 본인의 체질에 맞는 허브를 먹어야 한다.

허브의 종류

라벤더(Lavender)

라벤더는 고기요리, 찌개, 양고기요리, 소스 등에 넣어 먹기도 하며 오일은 화장품, 향료, 약용(藥用)으로 이용된다. 라벤더의 향은 긴장을 풀어주고, 불면증에 좋다. 또한 마음을 차분하게 하고 신경성 편두통이나 스트레스, 생리불순, 소화불량, 신경안정에 도움이 된다.

향이 강하기 때문에 다른 것을 블렌딩하거나 우려낸 차에 설탕이나 꿀을 가미하면 마시기가 좋다. 의학적으로 두통, 신경안정에 효과가 높다고 한다.

라임블러섬(Lime Blossom)

갈증 해소에 좋으며, 진정작용, 경련예방, 저혈압, 그리고 발한에 좋다. 꽃에는 점액과 탄닌이 풍부하며, 주름살 제거를 위한 마사지용으로도 좋아 화장품의 원료로 사용되기도 한다. 또한 꽃에 함유된 '비오푸라보노이드'는 혈압안정에 도움을 주고, 신경계의 긴장을 풀어 불면과 피로회복에도 도움을 준다.

발한 작용이 있어서 감기, 인플루엔자, 기관지염 등에 효과가 있다. 다른 허브에 비해 차로 마실 경우 향이 은은하고 좋으며, 맛 또한 거슬리지 않는 상큼함을 지니고 있어 처음 마시는 허브로 추천할 만한 허브이다.

레몬그라스(Lemongrass)

소화촉진 기능이 있어 식후에 잘 어울리는 차이다. 또한 빈혈에도 효과가 있으며, 냉차로 마시면 더욱 향미롭다. 차외에도 약품, 비누, 향수, 린스, 캔디 등의 부향제로 쓰이며, 스프에도 넣고 생선요리, 닭이나 조류의 요리에도 쓰인다.

레몬밤(Lemonbalm)

머리를 맑게 하여 이해력과 기억력을 촉진시킨다 하여 유럽에서는 아직도 공부하는 학생들을 위한 일상 음료로 이용되기도 한다.

노화방지, 기억력촉진, 심장 순환계, 우울증, 신경성 두통, 소화 호흡기 질환, 기억력 저하 방지에 좋으며, 상처 염증에도 좋고, 치통에는 레몬밤을 이용한 양치질로 효과를 볼 수 있다고 한다. 차로 먹기에는 별 맛이나 향이 없는 편이고 풀맛과 풀향 정도가 난다.

로즈마리(Rosemary)

차로 이용하는 부위는 잎을 건조한 것만을 이용한다. 향이 진한 반면 맛은 진하지 않기 때문에 마시기 쉬우며, 심신의 피로를 없애주거나 뇌의 움직임을 활성화하여 기억력을 증진시키고, 집중력을 높여 준다.

로즈마리를 이용한 목욕과 한 잔의 차는 피부를 부드럽게 하고 근육 긴장을 완화시켜 주며 그 향은 악몽을 막아주고 뇌가 약화되는 것을 막아준다. 임신 중이나 고혈압이 있는 경우는 양에 주의해야 하며, 연속해서 장기 복용은 피해야 한다.

로즈플라워(Rose Flower)

허브차에 사용되는 로즈는 올드 로즈의 원조에 가까운 품종으로 꽃잎의 색깔에 따라 로즈레드, 로즈핑크, 로즈버드레드, 로즈버드핑크 등으로 나뉜다. 장미는 옛부터 술이나 음식의 부향제로도 쓰였고, 더운 나라의 왕후와 귀족들은 청량제 및 목욕제, 방향제로 사용하기도 했다. 차로 마실 때 장미차는 피곤하거나 마음이 불안 초조할 때, 기분 전환과 정신적 긴장완화를 위해 좋다.

또한 간장이나 위장의 피로, 변비에도 효과가 있으며, 호르몬 균형을 유지시켜주는 작용이 있어, 여성의 아름다움과 건강을 지키는데 도움이 된다. 산후 우울증, 현기증, 구토 등에도 도움이 된다.

타임(Thyme)

타임은 허약체질 기관지염 살균(殺菌)작용의 효과를 가지고 있으며, 기름기가 많은 음식의 소화를 도와주고 고기요리나 과일요리에 그 맛을 더해주며, 정신 강장 효과가 있어서 두통 등의 신경성 질환에 좋다.

페파민트(peppermint)

여러 나라의 약전에도 올라 있는 귀중한 약초(藥草)로, 위장병, 두통, 콜레라, 히스테리, 신경통, 류마티스, 치통, 산욕열, 산통 등에 효과가 있고, 항염, 진통, 발한제 및 방부제로 쓰인다. 옛날에는 감기나 위장병에 약으로 달여서 마시거나 차로 만들어 마셨으며, 가을부터 꾸준히 마시면 겨울철 감기예방에 좋다. 또한 진정작용이 있어 심신이 불안할 때 마시면 기분을 차분하게 가라앉게 한다.

펜넬(Fennel)

약용, 향신료, 채소용으로 많이 이용되며, 추출물은 진통제(鎭痛劑)로 이용이 되고 위통에도 효과가 있다. 특히 산모가 차로 달여 마시면 젖이 잘 나와 수유에 도움이 되고 여성병(생리통 등), 갱년기, 식욕 증진, 건위, 체한 데에 좋다. 향(香)을 맡으면 숙면에 도움이 된다.

펜넬은 지중해 근동 아시아에서 주로 재배되는 허브로 약용, 향신료, 채소용으로 많이 이용되며, 차로 이용되는 부분은 씨앗이다.

이뇨 작용과 발한 작용이 있어 피하지방중의 노폐물을 배출하여 준다. 식욕을 떨어뜨리는 효과가 있어 고대 로마 여성들은 다이어트의 특효약으로 애용하였다고 한다.

루이(하이)보스(Highbos)

암(癌)환자의 쾌유에 좋은 S.O.D 성분이 들어 있으며, 피부염, 당뇨 등에도 좋고, 알레르기 질환을 일으키는 히스타민을 제거하는 효능이 있다.

히비스커스(Hibiscus)

히이비스커스(영어명 로젤)의 꽃받침을 건조하여 이용하며, 변비에 효과가 좋은 차이다.

색깔이 붉은 색으로 아름다워 허브차의 블렌딩에 많이 이용한다. 신맛이 강하여 설탕이나 꿀을 가미하여 마시는 것이 좋다. 목의 통증을 가라앉히며, 감기에 걸렸을 때, 목을 많이 사용한 후에 마시면 좋다. 또한 칼륨이 많고 이뇨작용이 있어 숙취를 개선하는데 좋다.

레몬버베나(Lemon Verbena)

은은하게 상큼한 향기와 산미(酸味)는 신경을 안정시키고 원기를 돋아준다. 식욕이 없을 때나 과식시 소화 촉진, 감기나 생리시의 편두통에 효과적이다. 레몬버베나 차에 와인을 브랜딩해서 마시기도 한다. 레몬버베나는 민트와 잘 어울리며 스페인사람들이 즐겨 마시는 허브차이다. 장기간 대량으로 마시면 위에 자극을 주는 경우가 있으므로 주의하여 이용해야 하며, 레몬버베나는 오랜 시간 우려내지 않는 것이 좋다.

로즈힙(RoseHip)

로즈힙은 들장미의 열매로 오늘날처럼 과일이 흔치 않았던 옛날에는 디저트로 즐겨 이용되었으며, 특히 비타민 C가 풍부하여 비타민의 주공급원이 되기도 했다. 로즈힙의 비타민 함량은 오렌지의 20배, 레몬의 60배가 되며 어린이의 성장발육을 촉진하는 비타민 A와 함께 이뇨작용을 한다.

눈의 피로, 변비, 생리통을 완화시켜주며, 더위를 먹었을 때나, 감기, 임신중 영양보급에 좋다. 술과 담배를 즐기는 사람들의 피부가 거칠어지는 것을 막아주며, 미용효과에도 좋다. 로즈힙차는 로즈힙 80%에 하이비스커스와 로즈플라워, 열매 등을 섞어서 음용하는 경우가 많아서 우러나는 시간이 다른 차보다 길어야 좋다. 때문에 5분 이상 충분히 우려 주도록 한다. 맛이 새콤하여 기호에 따라 설탕이나 시럽 등을 타서 먹는 것도 좋다.

블루멜로우(Blue Mallow)

블루멜로우는 멜로우의 꽃을 말린 것으로 차를 만들 때 우러나오는 푸른빛은 시간이 지남에 따라 공기 중의 산소와 반응하여 변화를 하게 되고, 이 과정에서 아름다운 색깔을 눈으로 즐길 수 있다. 또 레몬즙을 넣으면 핑크색으로 변해서 매우 아름다운 허브이다. 차는 특별한 맛이 없으나 천식이나 기관지염 등 호흡기계에 효과적이며 담배를 많이 피는 사람에게 좋다.

변비, 여드름, 꽃가루알레르기에도 유효한 것으로 알려져 있다. 목이 아플 때는 허브차로 양치하면 염증을 완화시켜주며, 화장수의 대용으로 사용하면 아름다운 피부를 가꿀 수 있다. 차를 오랜 시간 우려 얼음을 얼려두면 멋진 장식용 얼음이 된다.

자스민(Jasmine)

중국에서는 대표적인 가향차로 자스민향을 첨가하여 많은 종류의 차를 만들고 있다. 꽃을 건조하여 차로 마시는데, 우울증과 목소리가 쉬었을 때, 건조성 민감 피부, 스트레스성 위통에 좋다.

캐모마일(Camomile)

캐모마일에는 여러 종류가 있는데 그 중에서 차로 이용하는 것은 저먼카모마일과 로만 카모마일이다. 2종 모두 약효와 용도는 비슷하며, 차로 드시는 부분은 꽃을 건조한 것이며, 후레쉬한 꽃을 이용해도 된다. 건조한 꽃은 뛰어난 미용효과로 목욕제나 민감한 피부의 스킨케어의 원료로 사용한다.

허브차 중 가장 인기가 많은 허브로, 진정작용, 소화촉진작용이 뛰어나며 취침 전에 마시면 편히 잠들 수 있다. 과로하고 스트레스에 쌓인 수험생, 샐러리맨에게 피로를 없애주는 가장 좋은 차이고, 임신이나 산후에 자궁을 강화시켜주는 기능도 있어서 출산 후 꾸준히 마시는 것도 도움이 된다.

특히 발한작용이 있어 감기에 걸렸을 때 차로 마시거나, 몸이 차가운 사람이 마시면 몸을 따뜻하게 해주는 성질을 가지고 있으며, 목욕제로 사용을 하면 근육통, 신경통, 피로 회복에 도움이 된다. 또 숙취에도 좋아 라벤더와 함께 캐모마일 꽃송이를 베개 속에 넣고 자도 좋다.

스피어민트(Spearmint)

박하보다는 단맛과 향이 약하고, 고대 그리스 로마에서 마음과 기력을 회복하는데 사용을 하였다. 효능은 마음의 휴식, 감기 기침 완화, 소화와 변비, 설사에 효과적이다. 또한 임신 중에 입덧에 효과가 있고 천식 완화, 여드름을 개선시켜 주는데도 좋다고 한다.

마테(Mate)

마테는 남아메리카의 열대 우림에서 나오며 마테나무의 잎과 가지를 말려 차로 이용한다. 효능은 체중감소 즉, 다이어트에 효과적이고 심혈관 장애완화에 좋고 활성산소 중화와 암 예방에도 효과가 있다. 그러나 위장이 약한 사람은 조심해서 마셔야 하므로 주의가 필요하다.

시나몬(Cinnamon)

독특한 향을 지닌 향신료로 냉장고가 발명되기 전까지 그리스와 터키에서 육류를 장기간 보관하기 위해 사용한 향신료이다.

특유의 매운맛이 있고 사과와 잘 어울리는 향신료이다. 감기나 생리통 완화에 좋고 항균작용에 효능이 있다. 노화방지에 좋고 피부미용에 좋으며 혈액순환을 촉진해 탈모증상 완화에도 도움이 된다. 또한 진통제 역할을 하고 몸을 따뜻하게 하며 소화 장애, 구토, 복통, 설사를 완화하는데도 효과적이다.

린덴(Linden)
유럽에서 가로수로 심는 나무로 항염증 작용이 있고, 특히 스트레스로 인한 불면, 두통, 이뇨작용에 좋다. 달콤한 향과 뒷맛이 약간 떫은맛이 나며 엷은 쑥향이 난다.

허브티 우려내는 방법

드라이 허브
① 적당량의 허브를 포트에 넣는다. 1인분일 경우 1ts정도 넣는다.
② 허브에 끓는 물(약 400~500ml)을 넣는다.
③ 허브의 종류에 따라 제각각 우려내는 시간이 틀리지만, 기본적으로 우려내는 시간은 2분 정도 소요된다.

후레쉬 허브(생잎)
① 후레쉬 허브는 살짝 씻은 후 향이 잘 우러나도록 약간 비틀어 준다.
② 허브에 끓는 물(약 400~500ml)을 넣는다.
③ 드라이 허브와 함께 우려내는 경우 미리 드라이 허브를 포트에서 우려낸 후 찻잔에 후레쉬 허브를 넣고 그 위에 드라이 허브를 우려낸 것을 붓는다.

혼합 허브차의 이해

허브 블렌딩티(Blended Herbal Infusion)

단일 허브로도 심신의 안정에 도움이 되지만 허브 성분을 보다 효과적으로 취하면서 다양한 맛의 변화를 즐길 수 있는 음료이다. 허브 블렌딩을 통해 자신의 신체 상태나 목적에 맞게, 혹은 마시기 편하도록 허브를 조절할 수 있다. 또한 허브 성분의 상호작용을 통해 상승효과를 얻을 수도 있다.

블렌딩티 만드는 법

여러 종류의 허브를 블렌딩해서 전혀 다른 맛을 창조하는 것보다 맛의 주인공이 되는 한 종류의 허브를 정하고 다른 허브를 첨가하는 것이 기본적인 방법이다. 예를 들어 쓴맛과 신맛은 어우러지기 보다는 서로 뚜렷하게 드러나는 맛이므로 어느 쪽이든 한 쪽을 주인공으로 하고 다른 쪽을 소량만 곁들이는 식으로 만들면 실패가 적다. 더불어 자신이 좋아하는 맛의 허브를 2~3종류 상비하고 있다가 원하는 대로 블렌딩이 되지 않았을 때 더해주면 한층 맛있게 느껴질 수 있다.

목적별 오리지널 블렌딩티 만드는 법

가장 중요한 것은 목적을 과하지 않게 정하는 것이다. 예를 들어 '편안한 숙면을 도와줄 허브티' 정도의 목적은 좋지만, '숙면을 돕고 비염에 효과가 있으며, 미용 효과도 있고 소화를 돕는 허브티' 등 여러 목적을 한 번에 달성하려 하면 허브의 선택이 어려울 뿐더러 좋은 블렌딩 역시 어렵다. 심플한 목적을 세우고 허브 리스트 중 목적에 부합하는 효과를 가진 허브들을 고른 다음, 맛에서 주인공이 될 허브를 정하고 그 밖의 허브를 첨가하는 식으로 레시피를 만든다. 익숙하지 않을 때에는 블렌딩할 허브의 수를 적게 시작하여 차츰 늘려가는 것이 좋다.

저 자

김은실 한림성심대학교 교수
정승호 한국티소믈리에연구소 원장
박복덕 한림성심대학교 교수
송청락 한림성심대학교 교수
구자인 한림성심대학교 강사
원영희 한림성심대학교 강사

커피 & 티
-Sommelier-

2016년 3월 4일 제1판제1인쇄
2016년 3월 10일 제1판제1발행

공저자 김은실 · 정승호 · 박복덕
        송청락 · 구자인 · 원영희
발행인 나 영 찬

발행처 MJ미디어

서울특별시 동대문구 천호대로 4길 16(신설동)
전 화 : 2234-9703/2235-0791/2238-7744
FAX : 2252-4559
등 록 : 1993. 9. 4. 제6-0148호

정가 13,000원

◆ 이 책은 MJ미디어와 저작권자의 계약에 따라 발행한 것이므로, 본 사의 서면 허락 없이 무단으로 복제, 복사, 전재를 하는 것은 저작권법에 위배됩니다.
ISBN 978-89-7880-250-5
http://www.kijeonpb.co.kr